はじめに

「よい病院とは」。この永遠とも言える命題は、時代と共に変化する。その恒久的な答えを私は見い出せない。しかし、以下のように考えてみる。

病院は国民、地域住民の厚生のために存在する。また、病院はそこで働く者たちの高い志の実現のために存在する。そして、これらの存在のためには安定した経営による持続可能性が求められる。この三者が一体となって初めて「よい病院」になるのではないだろうか?

今、時代はかつて世界の誰もが経験したことのない社会に向かって進みつつある。それは、マクロ的に概観すると、「人生100年時代」と言われる少子超高齢社会の到来であり、人口減少による地域社会の縮小であり、国家の財政危機であり、人々の価値観の変化であり、不確実性に満ちた世界情勢であり、そしてICTの急速な進展である。

また、近視眼的に医療分野の情勢を概観すると、診療報酬改定や医療適正化計画による医療費削減圧力はますます強まる。消費税における損税は病院、特に急性期病院の経営を圧迫する。さらに、地域医療構想による病床機能分化と在宅医療機能への対応、地域包括ケアシステムによる医療・介護連携への対応、医療職の働き方改革への対応、頻発する災害に備えるBCP（Business Continuity Plan：事業継続計画）やBCM（Business Continuity Management：事業継続マネジメント）の整備、医療安全への対応、多死社会を迎えての終末期医療への対応、そしてICTの進歩への対応など、懸案とすべき病院経営に関わる内容は極めて幅広い。

特に、医療分野のICTを考えると、業務の効率化、患者の利便性と医療の質の向上などに寄与し、ビッグデータ解析は健康教育に、

ゲノム解析はプレシジョン・メディシン（Precision Medicine）としての個別治療に資することだろう。さらに今後、AIによる診断や判断の補助、ロボット技術による介護労働の代替などの方向性が考えられる。他の産業を見ると、ICTやロボット技術は労働人口の減少を先端機器の導入によって効率化し、生産性を向上させるために開発・導入される。しかし、医療では、人員基準が厳格に決められており、人員不足を先端技術で補い労働生産性を上げるといった方向には働きにくい。ICT導入を患者の利便性と職員のタスクシフトによる本来業務の遂行といった方向性で進めなくてはならない。

　このように経営環境は複雑さを増す。病院の経営に携わる者は、マクロ的な社会、医療界の情勢と自院が置かれている環境、自院の経営資源に目配せせねばならない。その上で社会と地域に適応し、経営の安定性を模索しなければならない。

　そのような中、1994年に三菱商事は、診療材料におけるSPD（Supply Processing Distribution：院内物流管理システム）事業を立ち上げた。診療材料の在庫削減と期限切れの把握、そしてジャスト・イン・タイムの納品は、医療技術のめまぐるしい進歩とそれに伴う医療材料の進化の中で、診療材料の管理をデータに基づいて科学的に行うものであった。当時の最先端のICTとバーコードの利用によって現場の管理に関わる手間を大幅に簡便化するものでもあった。これによって、医療材料の管理を本来業務としない看護師や医師からこの業務を開放することは、彼らの本来業務への集中を促すもので、今般の働き方改革を20年以上前に実践する画期的な試みだった。この事業立ち上げの裏には、同社の他事業で成功した物流管理手法の落とし込み戦略、ヘルスケア事業への参入戦略、同社が誇る国際的な調査力による米国での事例研究などの成果でもあると推察する。

　以後、このSPD事業は、三菱商事の子会社である日本ホスピタルサービス、エム・シー・ヘルスケアの事業として連綿と引き継がれ

てきたのである。この事業に第1号病院の経営者として関わった関係で、事業のインキュベイトに、改良に、微力ながら力を注いだ。また、この仕組みの醸成・拡大を図り、加えて地域において「よい病院」をつくるために模索する病院の情報交換のためのSPDユーザー会設立を提案し、2000年に「第1回 病院の経営を考える会」を開催し、現在も続いている。

そして、ユーザー病院の増加と、ユーザー会における情報交換、さらには米国における医療共同購入組織GPO（Group Purchasing Organization）の研究と連携によって、診療材料の納入価格削減とそれに伴う経営の改善を図ることは当然の方向性であった。それが後のユーザー病院を中心とした日本版GPOである一般社団法人日本ホスピタルアライアンス（NHA*）の設立につながった。

先に挙げたように、病院を取り巻き、経営に関わる課題は、今後ますます増えていくことだろう。また、よい経営、よい病院たるものの姿も多様性を示していくに違いない。SPDユーザー病院も、サプライヤーたるエム・シー・ヘルスケアも、運命共同体としてこの仕組みを継続させていくためには、不断の努力と改善をしなくてはならない。

本書が、病院の経営に関わる先人の志やこれまでの軌跡を振り返り、新たな「よい病院」づくりのヒントになることを祈ってやまない。

*NHAでは、2016年よりエム・シー・ヘルスケアの契約先以外も共同購入組織に参加を認めている。

2018年5月吉日

社会医療法人財団董仙会恵寿総合病院理事長

神野 正博

目　次

はじめに　神野正博 ……………………………………………………… 3

第1部　地域ヘルスケア基盤 構築事例

第1章　異なる経営母体の統合を経た地域ヘルスケア基盤の構築
——地方独立行政法人山形県・酒田市病院機構 ……………… 10

栗谷義樹（地方独立行政法人山形県・酒田市病院機構 理事長）

統合の背景と再編に向けた動き
独立行政法人山形県酒田市病院機構の誕生
その後の運営状況
地域の課題と今後の対応

第2章　日常生活圏域を起点とした地域ヘルスケア基盤の構築
——けいじゅヘルスケアシステム ……………………………… 43

神野正博（社会医療法人財団董仙会恵寿総合病院 理事長）

地域特性と院長を引き継いだ後の基盤づくり
「つなげる」をキーワードに医療と介護を統合
地方病院だからこそ、やらなければならないこと
困難な状況だからこそ生まれるイノベーション

第3章　病院の分割による地域ヘルスケア基盤の再構築
——JA長野厚生連と佐久総合病院 ……………………………… 67

夏川周介（JA長野厚生連佐久総合病院 名誉院長）

組織の成り立ちと、地域における取り組み
分割による病院再構築
現状と課題
地域医療に重要なもの
おわりに

第4章　医療圏内の連携による地域ヘルスケア基盤の構築
——公立昭和病院 …………………………………………………… 91

上西紀夫（公立昭和病院 企業長 兼 院長）

病院および地域の背景
機能強化と連携強化に向けた活動
現在の課題とこれから
地域の医療にとって重要なもの
おわりに

第2部　地域ヘルスケア基盤 実現のための手法

第1章　地域医療福祉情報連携ネットワーク 114

柴田真吾（公益社団法人地域医療振興協会市立大村市民病院麻酔科）

医療現場におけるICTの利活用に向けて
地域医療福祉情報連携ネットワークの現状と課題
地域医療福祉情報連携ネットワークの事例
地域社会基盤としてのヘルスケアICTの未来
次世代ネットワーク医療の実現に向けて

第2章　地域における患者フロー 132

田中豊（田中豊事務所有限会社 取締役）

PFM（患者支援センター）とは──PFMの仕組み
PFMの誕生
ダウンサイジングに対応した筋肉質な病院の構築
PFMの運用──PFMの仕組みの本質、運用の肝
病院のPFMから地域のPFMへ
　　──病院ではなく、地域のPFMという考え方
コラム オペレーションの標準化──何をするにも、原点・基本は標準化

第3章　地域のチーム医療 153

鈴木紀之（公益財団法人筑波メディカルセンター 事務局長）

チーム医療と事務部門の役割
地域を舞台とした医療連携を進める上でのチーム医療的課題
事務部門の現場事情

7

第4章 地域をカバーするロジスティクス ······························ 170
苦瀬博仁（流通経済大学流通情報学部 教授／東京海洋大学 名誉教授）
病院におけるロジスティクスの意義と役割
病院のロジスティクスの効率化と高度化
地域から病院に搬入するロジスティクス（調達物流）
病院内のロジスティクス（院内物流）
病院と地域をつなぐロジスティクス（地域物流）
災害に備える病院のロジスティクス
おわりに

補 足 経済的メリットを創出するためのアプローチ例 ········· 196
エム・シー・ヘルスケア株式会社（病院の経営を考える「本」タスクフォース）
経済的メリットとは
活動の拡大──点から面へ
信頼関係の構築が、共同購入成功のポイント
コラム 費用の削減はモノだけでなく工事代も

第3部 大規模災害に対する備えと発生時におけるマネジメント
（第18回病院の経営を考える会 パネルディスカッションより）

大友康裕先生講演	日本の歴史が物語る地震発生の危険性 ···	213
小井土雄一先生講演	BCPの整備がPDDの予防につながる ·····	217
金田巖先生講演	東日本大震災を経験して得た教訓 ········	230
髙橋毅先生講演	熊本地震を経験して得た教訓 ··············	241
ディスカッション	大規模災害に対する備えと発生時におけるマネジメント ··············	251

おわりに ··· 264

第 1 部

地域ヘルスケア基盤
構築事例

第1章

異なる経営母体の統合を経た地域ヘルスケア基盤の構築
——地方独立行政法人山形県・酒田市病院機構

地方独立行政法人山形県・酒田市病院機構 理事長
栗谷 義樹

統合の背景と再編に向けた動き

1　統合前の北庄内地域の医療状況

　当病院機構のある酒田市は、山形県の日本海側、庄内地方の北部に位置している。山形県には二次医療圏が4つあるが、庄内二次医療圏はそのうちの1つであり、神奈川県とほぼ同じ面積を有している。

　県立日本海病院と市立酒田病院の統合再編計画時における域内人口はおよそ31万人であったが、近年は過疎化高齢化が進行し、ピーク時（1955年）の37万6,000人から10万人余りも減少、高齢化率は33％に達している。二次医療圏としては1つであるものの、患者動向は、酒田市を中心とした北庄内地域と鶴岡市を中心とした南庄内地域とに二分されており、再編前時点での北庄内地域の人口は17万人余りであった。

　一方、県内5番目の県立病院である日本海病院は、それまで整備を求められていた庄内二次医療圏における三次救急や高度医療を担う庄内一円の基幹病院として、1993年に開院された。当時の庄内二次医療圏には、救急告示医療機関が6病院あったが、急性期医療を担っていたのは主に北の市立酒田病院と南の鶴岡市立荘内病院と

10　第1部　地域ヘルスケア基盤 構築事例

図表1-1-1　県立日本海病院開院前の病院配置状況（1993年）

いう2つの基幹病院であった（図表1-1-1）。

　その後、酒田市に県立日本海病院が新たに参入した形になったことで、当初は北庄内地域において市立酒田病院の経営存続は今後、困難になるとみられていた。しかし、市立酒田病院は1998年の管理者交代を機に経営改善に取り組み、その成果が徐々に現れて、経営的には2001年から毎年経常黒字を持続的に計上するところまでこぎ着けていた。

　一方で、県立日本海病院は建設時の多額な建設資金償還などが負担となり、経営的には毎年度赤字決算となるなど累積欠損金も多額となっていた。さらに開院当初、既存の市立病院との業務連携や機

図表1-1-2　再編前の県立日本海病院と市立酒田病院の状況（2005年再編計画時点）

項目	県立日本海病院	市立酒田病院
現病棟の利用開始	1993年6月	1969年9月
病床数	528床	400床
診療科	25科	15科
1日平均の外来患者数	9,954人	868人
1日平均の入院者数	439人	333人
病床利用率	83.9%	83.3%
患者一人あたり診療収入（外来）	8,328円	7,393円
患者一人あたり診療収入（入院）	36,255円	36,047円
純損益	△170,306千円	211,855千円
欠損金	△10,678,053千円	0千円*

＊市立酒田病院の累積欠損金（1,367,366千円）は、公営企業法施行令第15条により処理したもの

能分化などの協議がまったくなされないままにスタートしたこともあって、2つの病院は競合状態に陥り、再編統合が計画された2005年当時の患者動態や病床稼働率、業務内容は両病院の消耗戦の様相を呈していた（図表1-1-2）。

2　市立酒田病院の建て替え問題

　前述のように、市立酒田病院は経営的には安定していたが、医師不足が解消されたわけではなく、一部特定診療科などは医師確保の困難による廃止の危機に瀕していた。同院は1947年に開院し、1969年に現在地に新築移転したが、建設から40年近くが経過して、建物本体の老朽化や給排水管・冷暖房設備などの改修が必要となるなど、施設の劣化が目立ってきたこともあって、建て替えが検討されていた。このため酒田市は、市役所内に庁内検討組織や市議会の特別委員会を設置して協議を続けると共に、改築マスタープランの作成を外部に委託するなどして、市立酒田病院改築の検討を進めた。

　具体的には、2001年6月、酒田市議会に市立酒田病院建設等対

策特別委員会が設置され、2005年3月には病床数370床程度、事業費153億円ほどからなる市立酒田病院施設移転新築マスタープラン策定報告書が作成された。

マスタープランが酒田市に報告された頃になると、市立酒田病院の建て替え問題は市の重要課題として位置付けられるようになり、改築に向けての基金創設など、検討が本格化した。また、地域住民からも改築に関する要望が寄せられるようになり、機運は盛り上がりを見せ始めた。

議論の中心が市立酒田病院の単独改築に傾きつつある一方で、この計画のままでいった場合の、医師の供給不安や勤務医の過重労働が懸念されるようになった。また、改築後の患者動態や建設費用償還が病院経営や地域財政に及ぼす影響などもあり、県立および市立の2病院が共倒れになるのでは、と心配する声も出始めた。

3　市立酒田病院改築外部委員会答申とその後

このような状況を踏まえ、酒田市は2005年6月、外部有識者による市立酒田病院改築外部委員会を設置して、単独改築も視野に入れながら、市立酒田病院の改築の方向性を検討することにした。2005年10月、外部委員会の報告がまとまり、「酒田市には重複する診療科を持つ県立、市立の2つの病院が競合しており、医療制度改革や医師不足の問題などから、将来の北庄内地域の医療提供体制を考えた時に、県立日本海病院との統合再編が望ましい」「県立日本海病院と市立酒田病院は経営統合し、一般地方独立行政法人（非公務員型）を選択すべきであり、市側から県に協議を申し入れ、可及的速やかな実現を期待する」「現在の県立日本海病院は急性期578床、市立酒田病院は慢性期200床とし、統合された病院には三次救急やドクターヘリ、ターミナルケア等の導入を図る」「2005年12月末までに統合の意思が確定しなかった場合は、一定の条件の下、市立酒田病院施設移転新築マスタープランに添った形で新病院を建設

する検討に入ることに同意する」との方向性が示された。

　酒田市は、この外部委員会の報告を受け、2005年12月に山形県に対し、県立日本海病院との統合再編を検討することについて提案し、事務的協議を申し入れた。

　この時点での山形県からの回答は「日本海病院のあり方を判断するにあたっては、県立病院事業全体のあり方の中で検討する必要があり、山形県病院事業局は外部監査法人に委託して県立病院事業分析、評価事業を進めており、酒田市の提案については、その結論を踏まえて判断する」というものであった。

　2006年8月末に出された調査報告書では、県立日本海病院が担うべき医療機能として、①三次救急医療機能（新型救命救急センター）、②地域災害医療センター機能、③北庄内地域を中心とした二次中核機能とし、「地域市町立病院との機能再編および統合を実施し、医療圏全体での医療資源配分の最適性、経済性を追及すべき」との報告がなされた。

　さらに報告書に付随する「北庄内地域における医療提供体制に対する一考察」では、「どちらか一方の病院に医師配置を集約化させれば、相当高い医療機能が確保され、そのことにより地域住民は高度な医療サービスを享受できることとなる。機能の統合化により、医療機能の充実化をはかることが当地域の住民に有効」との考え方が示された。

　その後、山形県では、監査法人による病院事業分析評価調査業務報告を1つの参考とし、2006年9月に県内各二次医療圏医療提供体制のあり方を「本県の医療供給体制の基本方向」として取りまとめた。その中で県立日本海病院と市立酒田病院の連携と役割分担については、「市立酒田病院を建て替える場合においては、250床から300床程度が適正規模といえる。しかしながら、この規模の病院については経営効率が悪いとされており、さらには市立酒田病院と県立日本海病院については、重複している医療機能を分担し、一方

に集約することで医師の確保と診療機能を充実させ、利用者に対してより質の高い医療を提供できることから、経営の効率性と庄内地域全体の健全な医療提供という点で、統合再編をするべきである」との方向性が示された。

4　県立日本海病院と市立酒田病院、統合再編へ

　2006年9月、山形県知事（当時）と酒田市長（当時）は両病院を統合再編することで合意し、具体的な内容等について協議することになった。この合意により、同年10月に事務部局として山形県庁内に北庄内医療整備推進室（県職員と市職員からなる推進事務局）が設置され、統合再編の具体化に向けて大きく前進することになった。

〔山形県知事、酒田市長の合意の内容〕
①県立日本海病院と市立酒田病院は、統合再編する。
②統合再編に向けて、山形県、酒田市による協議会を速やかに
　設置する。
③統合再編の具体的なあり方（病床数、施設整備、経営形態等）
　については、協議会等で検討する。

5　協議組織の結成

　山形県知事、酒田市長の合意内容を受けて、「山形県・酒田市病院統合再編協議会」が組織された（**図表1-1-3**）。
　この協議会を中心として、2006年度末までに、統合再編に向けて大筋の構想を策定することになり、その後は連日のように、県と市の協議、両病院間の調整が行われた。また、県議会・市議会、地域住民、医療関係者等からの意見をうかがいつつ、精力的に検討が進められた。
　今回の再編作業においてスピード感を重視したのは、「協議が長

引くことで医師等が散逸しないようにしたい」「地域住民や職員に不安を与えないように」という両首長（知事・市長）、病院関係者、大学関係者等の意向を強く反映したためである。特に地域住民や職

図表1-1-3　山形県・酒田市病院統合再編協議会の構成

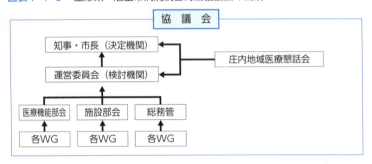

図表1-1-4　地域住民および職員に対する説明会の開催状況

統合再編協議会等による協議・検討の内容については、その都度、タイムリーに情報提供をした
（1）酒田地区医師会主催、市民公開シンポジウム(県・市共催事業)　350名参加
（2）酒田市広報への掲載：統合再編まで毎月2回にわたり協議内容、状況や「統合再編Q＆A」で理解を得た。
（3）酒田市出前講座：酒田市の市政理解のための「出前講座」を利用し統合再編について説明、質疑応答をして理解を深める事業　2007年度末までに22回開催、823名参加
（4）整備基本構想策定前の市民・地域住民への説明会（協議会主催）　2回開催、120名参加
（5）職員説明会：延べ6回開催、805名参加
（6）まちづくり意見交換会：酒田市で延べ17回にわたり25地区のコミュニティ振興会・地域協議会を対象にした「酒田市総合計画まちづくり意見交換会」において統合病院の経営形態等について説明、434名参加
（7）酒田地区医師会への説明会：2回開催、65名参加
（8）山形県ホームページ、酒田市ホームページでの広報

図表 1-1-5　議会、職員、組合への対応

議会対応
　＊2001年市建設等対策特別委員会設置以来の方針転換の説明
　＊県・市両議会法人定款。評価委員会共同設置規約。職員引継ぎ条例。中期目標。
　　引継ぎ財産確定等の議決
　＊協議会などの協議内容の徹底

職員対応
　＊職員説明会の開催

組合対応
　＊県職労と医労連：協定、覚書等を結びながら

員に対する説明会は数回にわたって行い、理解を得られるよう努めた。また、市議会へは2001年以降進めてきた市立病院の改築プランから大転換するものとなるため、関連委員会などを通じて丁寧な説明を行った（図表1-1-4、図表1-1-5）。

独立行政法人山形県酒田市病院機構の誕生

1　基本構想と経営形態の選択

　2007年3月、統合再編の基本構想である「病院統合再編整備基本構想」（以下、整備基本構想）が策定され、合意から短期間のうちに方向性が決定された（図表1-1-6）。

　整備基本構想では、旧県立日本海病院に急性期機能を集約し、旧市立酒田病院には回復期リハビリテーションと医療療養病床を整備すること、移行期間を3年と設定し、その間に急性期機能を担う日本海総合病院（旧県立日本海病院）を646床程度で増床改修して、必要な施設増設と救命救急センターの整備を行うこと、これらが終了次第、すべての診療科を移動させ、その後に旧市立酒田病院を解体して所定の機能整備を行うこと、が決められた。これによって一

図表1-1-6 経営主体の異なる2つの自治体病院の再編・統合

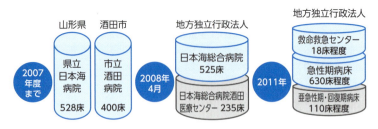

般病床は282床減床され、新たに回復期リハ病床など114床が整備されることになった。

新しい統合病院の経営形態については、山形県と酒田市が共同で新たな団体を設立して運営することとし、「地方独立行政法人」または「一部事務組合」のいずれかを選択することになった。そして、これら2つの制度上の長所・短所、新形態に移行する際の課題等を専門的な観点から検討をすることになり、5人の委員からなる「経営形態に関する有識者委員会」が組織された。有識者委員会では4回にわたり検討が行われ、統合病院の運営にあたっては、医療改革等への迅速な対応、運営の効率化、持続可能な経営、地域住民が安心できる医療サービスの提供並びに患者および職員の生活環境の向上に努めることが重要であるとして、次のような〔比較検討の観点〕から協議が行われた。

経営形態は、今後の病院経営に多大な影響を与えるだけでなく、職員の身分の変更の可能性もあるため、職員団体からの意見聴取も行いながら協議が進められた。

〔比較検討の観点〕
・県・市の責任および関与 ・給与制度
・議会・住民の関与 ・勤務条件等
・運営の自律性・責任体制の明確化 ・人材育成・研修体制

> ・運営の透明性の確保　　　・職員の意識改革
> ・弾力的な会計制度　　　　・健全な病院経営
> ・効率的な業務執行　　　　・業務の改善
> ・医師・スタッフの確保　　・院長の権限の強化
> ・地域連携の推進　　　　　・職場環境の整備
> ・職員の適正配置

　それに加えて、〔有識者員会の選択の視点〕を踏まえ、有識者委員会では、新しい統合病院の経営形態については、「地方独立行政法人」がもっとも望ましいとの結論を出すに至った。

〔有識者委員会の選択の視点〕
①これまでの経営形態では、政策医療の推進等、自治体病院本来の機能を十分果たし得なくなった。その背景は、急速に進む医療制度改革等の“改革の嵐”に的確に対応する迅速な病院運営ができないことにある。
②迅速な対応を的確に行うには、院長が予算執行および人事の権限を持つ、権限の強化および経営責任を取る責任体制の明確化が不可欠である。
③優れた医師および看護師等の医療マンパワーの確保は、最も重要な課題であるが、採用制度に柔軟性を欠く形態では、急激に変わる医療改革に対応しにくい。
④近年では、医師等の増加は難しくなっており、その意味からも院長および理事会の権限を強化し、院内の限られた医師等の医療従事者を集約化し、それぞれが機能分担し、連携をして、少ないマンパワーを有効に活用するシステムを構築することが重要である。
⑤同時に、地域における機能分担および病病連携、病診連携を中心とする地域連携を推進することが重要であり、病院運営

第1章　異なる経営母体の統合を経た地域ヘルスケア基盤の構築　　19

および職務形態の柔軟性が求められる。

⑥診療報酬等の改定により、病院運営は以前にも増して困窮している。一方、統合病院が救急医療等の政策医療を推進することへの住民のニーズは高い。このような状況下で、政策医療を推進しつつ、経営面でも自立するには、効率的な病院運営システムを構築する必要がある。

⑦職員が生きがいを持って仕事に従事するには、24時間保育所の整備、勤務時間のフレックス制の導入など、医療従事者特有の勤務形態を踏まえた、生活環境の改善が重要である。

　今回の経営形態の検討は、地域において競合関係にあった2つの病院を統合再編し、効率的に運営することによって、住民のニーズである「庄内を中心とする地域の"医療の遍在（いつでも、どこでも、だれでも受けることが出来る医療）"の実現」を目指すことを目的としている。したがって、統合病院においては県立および市立といったことに拘束されない、柔軟な新しい経営システムが必要である。

　我々は、上記の＜選択の視点＞から、一般地方独立行政法人がもっとも適した経営形態であると考える。

　この有識者委員会の報告を受け、2007年7月、山形県・酒田市病院統合再編協議会は経営形態を「一般地方独立行政法人」に決定した。また、新法人は2008年4月1日に設立することも決定された。

　統合再編が完成する2008年度までの短期間のうちに、①総務省との法人認可の協議、②両病院の診療機能と移行期間（2008〜2010年度）の医療体制の調整、③人事、就業規則、給与規程の調整、④財務調整・県市の負担割合の協議、運営費負担金の調整、⑤人事システム、財務システムの統一化、⑥評価委員会の設置、⑦理事会（設立準備会）の構成、⑧職員共済組合の選択、⑨職員団体との協議、⑩施設整備の検討などが行われた。

図表1-1-7　地方独立行政法人山形県・酒田市病院機構法人化までの経緯

1969年	市立酒田病院現在地に開設
1993年	県立日本海病院開設
1994年 3月	市病第一次建設マスタープラン策定（500床）
2005年 3月	市病院改築第二次マスタープラン策定（370床）
2005年10月	市改築等外部委員会報告（統合を）
2006年 8月	県外部監査報告（再編統合を）
2006年 9月	知事・市長再編統合合意
2006年11月	県・市再編協議会開催
2007年 3月	県・市統合再編整備基本構想報告
2007年 4月	有識者委員会運営形態報告（一般地方独立行政法人が望ましい）
2007年 7月	一般地方独立行政法人化決定。設立時期を2008年4月1日に
2008年 3月	法人中期目標、関連条例議決、基本計画決定
2008年 4月	地方独立行政法人山形県・酒田市病院機構法人設立

　こうして、2008年4月1日に「地方独立行政法人山形県・酒田市病院機構」が発足し、日本海総合病院と酒田医療センターを開設することとなった（図表1-1-7）。

2　病院統合までの経緯と課題解決に向けた取り組み

　下記に、統合までのポイントを整理しよう（図表1-1-8、図表1-1-9）。

①医療機能（急性期、療養期）分担の移行期間を3年間と設定したこと。ただしこれについては急性期を担当する日本海総合病院の施設整備が予想よりも早く進んだことから、5か月前倒しで診療科の完全移行が実施された。

②病院を稼働させながら病床数の段階的削減をしなければならず、この間の業務調整に微妙な判断が要求されたが、当該診療科の部科長と協議しながら、それぞれ同意の上で進めることができた。結果的に消化器内科、整形外科、神経精神科、旧市立酒田病院の麻酔科および産婦人科（その後、1年前倒しで移行）は移行期間中、旧市立酒田病院に残ることになったが、一部診療科の医師1名程度は、急性期の日本海総合病院に保安要員として配置し、各

第1章　異なる経営母体の統合を経た地域ヘルスケア基盤の構築　21

図表1-1-8　統合再編のポイント

（1）医療機能（急性期・療養期）分担の移行期間を3年間
（2）営業しながら病床数を段階的に削減
　　　日本海総合病院　（急性期）528床→118床増床→646床
　　　酒田医療センター（療養期）400床→235床→79床→114床
（3）経営体を地方独立行政法人（非公務員型）とする
　　　定数管理、予算統制から迅速な意思決定が可能な環境変化に対応した経営が
　　　可能（ガバナンス）
（4）統合時の前の不良債務の解消と財務基盤づくり
　　　県による不良債務解消のための出資債導入、資産の再評価による評価益の計
　　　上、県・市の負担金割合（病床数割合により57対43とする）
（5）理事長と病院長の兼務
（6）県職員・市職員の法人への移籍確認（同意書を2010年度まで毎年提出）など、
　　　丁寧な職員調整
（7）2つの労働組合との協議
（8）給与制度は、国立病院機構へ準拠（県・市派遣職員除く）
（9）山形県市町村職員共済へ統一、退職金は経験年数分引き継ぐ
（10）電子カルテ、人事給与システム（独自）、財務システム統一化

図表1-1-9　経過期間の対応（2008年4月～2010年9月）

○酒田医療センター（旧市立酒田病院）へ残留診療科
　　消化器内科、整形外科、神経精神科、麻酔科、産婦人科（1年後移行）
○外科は2007年末から一部移行
○看護師は2007年10月から一部移行（日本海総合病院7対1取得のため）

○事前に問題となった点の一部
　☆消化器内科と外科の連携
　　急性消化管出血⇒止血のための緊急手術例は8年間で1例のみ
　☆整形外科術後の肺梗塞、深部静脈血栓症⇒PCPSなどの緊急使用頻度は4年間
　　県内発生例ゼロ⇒心臓外科チームが対応
　☆診療科がまたがる緊急患者への対応⇒ルール作成、基本的に日本海総合病院へ
　　入院、酒田医療センターから出張診療

　診療科の集約化が完全に終了するまで業務に齟齬が生じないよう
気を配った。
③止血困難な消化管出血など手術が必要となる症例や、整形外科の
術後肺梗塞、深部静脈塞栓などへの対応についても、山形大学か

らの指導支援を受け、それぞれ緊急時の対応マニュアルを作成し、移行期間における不測の事態に備えた。幸いにして、懸念された診療科が分散したために生じる不都合な事例はこの間、一例も発生しなかった。診療科がまたがる緊急患者への対応は、基本的に日本海総合病院へ入院させ、酒田医療センターから出張診療を行うことなども決められた。

なお、統合再編が決まった後、前年の2007年度10月から県立日本海病院へ市立酒田病院外科医師の一部を前倒しで異動させ、同時に県立病院の看護師配置7対1取得のため、市立酒田病院看護職員の一部も異動を開始している。

統合前の不良債務解消と財政基盤づくりについては、県による出資債（公立病院特例債）導入と資産再評価による評価益の計上で解決され、再編された独立行政法人への運営費負担金は統合前の病床数割合による按分で、57対43とすることで、県と市の負担割合が決められた。

職員の身分については、医師と旧市立酒田病院職員は全員が独立行政法人の正職員へ移行、県立病院職員は派遣同意書を2010年まで毎年提出し、最終的に独立行政法人に残るか県職員へ戻るかを選択することとされた。この期間、意向調査は毎年のように実施され、職員採用枠の調整を行った。県、市からの派遣を除く職員給与は国立病院機構に準拠、社会保険は山形県市町村職員共済へ統一され、退職金は経験年数を引き継ぐこととされた。

統合前に、特に懸念されたのは両病院の医療機能と患者受け入れの調整であったが、これは統合前に3部会と13のワーキンググループを設置し、協議が行われた。

なかには、病院間の意見調整が困難な事例もあったが、事前に独立行政法人の理事長人事と各診療科の役職人事について県、山形大学、東北大学から一致した合意内容が明確に示されていたこともあって、特に混乱することはなかった。

第1章　異なる経営母体の統合を経た地域ヘルスケア基盤の構築　23

3　統合再編成功の要因

　この統合再編が成し遂げられた要因としては、①スピード感を持って協議が進み、間を置かずに実行に移されたこと、②両病院職員の協力と地域住民の理解があったこと、③関連大学である山形大学医学部、東北大学医学部などの全面協力があったこと、④地域医療を守るという観点から地区医師会が支えてくれたことなどが挙げられる。

　なかでも、③の関連大学の協力は、今回の病院統合が成功するための根幹部分であった。これについては、嘉山孝正山形大学医学部部長（当時）と里見進東北大学総長・院長（当時）のリードで、統合再編の完了前後での各医局人事の全面協力を得られたことが大きかった。

その後の運営状況

1　統合後の運営

　病院統合にあたり、喫緊の課題とされたのは、財務の安定化であった。2007年に出された公立病院改革ガイドラインの柱の1つである経営効率化が最優先で実現しなければならないことだったが、総務省により措置された公立病院の再編等に係る財政措置導入、すなわち、交付税5年間現状維持、出資債、解体費用の特別交付税措置、新病院債導入、繰り上げ償還などの制度を最大限に利用することができた。

　旧県立日本海病院の不良債務は県による出資債導入で解決され、借換債導入により繰り上げ償還も実施したことで、利払いは年約6,000万円も軽減された。これによって、旧市立酒田病院の内部留保を運転資金として使うことが可能となったのである。

24　第1部　地域ヘルスケア基盤 構築事例

図表1-1-10 常勤医師、研修医数の推移

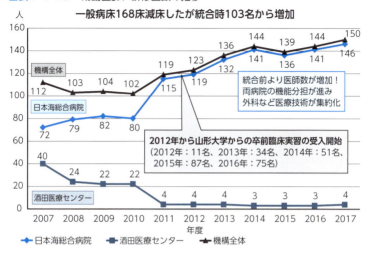

　懸案であった医師の確保であるが、独立行政法人全体の医師数は統合前の単純合算数より、再編直後は9人減でのスタートになった。統合再編が順調に進むにつれて、2011年度頃から研修医を含む医師数は増え始め、2017年4月現在151名となり、結果的に統合再編前の両病院合計医師数より41名増えた。

　これは、統合による各診療科の増員によって、従来よりも休日が取れるようになり、研修医の指導も強化できるようになったこと、短時間正職員制度の導入や院内保育所の24時間保育、病児病後児保育などが開始されたこともあって、特に女性医師が勤務しやすい環境整備がされたこと、症例・手術数が増加して経験症例数が格段に増えたこと、山形大学との卒業前教育における連携強化で医師育成に一体的に活動することで、大学との人事交流が円滑に進んだこと、初期研修修了後の後期研修を大学と協議の上で積極的に受け入れ、後期研修医の数が増えていることなどが影響していると思われる（図表1-1-10）。

図表1-1-11　独法化による看護師構成の推移

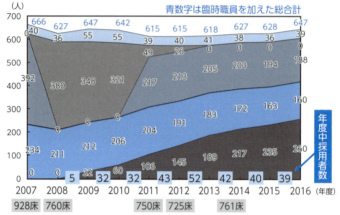

※離職率は低く、40〜50人規模で採用できる環境にあり、慢性的看護師不足というより統合再編による看護師数の調整が大きい。

　看護師の確保については、前述のように旧県立日本海病院の医師を除く医療職は県からの派遣とされ、3年間の移行期間内に独立行政法人にとどまるか、県職員として戻るかを決めることになっていた。統合直後の意向調査では県看護職員のうち90%が県に戻ることを希望し、看護職員の確保が問題として浮上した。

　しかしながら、その後の意向調査では年を追うごとに独立行政法人に残る割合が増加し、派遣期間終了後には70%が残る意思表示をしてくれた。さらに、県が派遣期間の2年延長措置を講じたことも大きかった。幸いにして新病院は入職希望者からの評価が高く、毎年40名を超える新規採用が比較的順調に進み、所要の募集人数を毎年採用することができたことも病院運営が軌道に乗った大きな要因となった（図表1-1-11）。

2 職員数の状況

　統合再編前と2017年4月時点での各職域職員数の状況は、図表1-1-12に示すとおりである。統合後は、特に医療技術職員を積極的に増やした。急性期を集約化した日本海総合病院の医療技術職員は75名増え、法人全体としては73名が増員された。技術職員の主な増員職種は、リハビリ51名、介護士20名などである。

　看護職員については、急性期一般病床は282床減少したが、2名の減少にとどまっている。

　また、統合再編は各職種の雇用機会創出につながった。統合前年と2017年度当初との比較で見ると、法人正職員、臨時職員、委託職員等で412人の雇用が創出されたことになる。統合による事業規模拡大を病院経営改善に結び付けることができれば、結果的にその収益により地域の新規雇用を創出できるものと考えている。

図表1-1-12　雇用の拡大

(名)

	2007年	2008年 (統合直後)	2017年	備考
正職員	938	886	1,074	2014年に期限の定めのない職員の採用
臨時職員	174	157	295	看護師、看護助手、医療クラーク、事務補助など
委託職員	235	254	327	医事、施設管理、給食、保育所など
病院内出店勤務者	23	36	86	食堂、売店、コンビニ、ベーカリー、あきほ市など
合計	1,370	1,333	1,782	

統合再編前　統合再編　統合により一時減少したものの機能が拡充され統合前と比較し412人の雇用を創出

3　業務改善

　診療科の病床数割り当てについては、2010年の全診療科の移行完了に合わせて病床調整委員会を立ち上げ、稼働率、回転率、在院日数などから割り当て協議を行い、各診療科の意見と要望を十分に聞き入れた上で病床数の再調整を行った。

　統合再編前の旧市立酒田病院では、職域間のワークフローを調整する職域横断的な業務改善委員会が運営されていたが、統合後も委員会での協議は業務調整に非常に効果的であった。

　開催頻度は月1回、委員は院長以下計31名の各職域の委員で構成され、2015年4月時点で、提案件数は326件に達した。この委員会での協議は、各自が平等の立場で自由に発言できるように配慮した。現在は院内グループウェア上の専用メールアドレスから委員以外も随時提案できる仕組みとなっており、一覧を作成して院内共有フォルダに掲載され、提案内容と協議結果、その後の経緯について、すべての職員が閲覧できるようになっている。

4　経営面の成果

　病院統合は、それまでの症例数の分散、高額医療機器の重複導入、手術室、病室の稼働率低下などの問題を一気に解決して、経営面で大きな成果をもたらした。

　統合初年度の2008年度は、日本海総合病院営業収支で約12億円の改善効果、酒田医療センターも3億円の改善効果が得られ、両病院共に当期純利益を計上することができた。法人全体としての統合前後の経営改善効果は初年度で約15億円と推計され、急性期病院への診療科完全移行である2010年10月以降も含め、順調な運営を継続できた。ここで、特に目立った財務上の改善項目を挙げると、以下のようになる。

①薬品、診療材料の在庫減、効率運用、共同発注にて、2008年関

図表 1 - 1 - 13　統合前と現在の収益・費用の構造変化（日本海総合病院）

この９年間で病床数1.2倍（528床→646床）で営業収益2.1倍という結果！

	日本海総合病院収益費用比較			（百万円）
	2007年度（528床）	2016年度（646床）	増減	増加率
営業収益	8,620	17,885	9,265	207.5%
入院収益	6,373	11,920	5,547	187.0%
外来収益	1,963	4,865	2,902	247.8%
営業費用	9,399	17,209	7,810	183.1%
給与費	5,130	7,696	2,566	150.0%
材料費	2,431	4,612	2,181	189.7%
経費	1,396	2,400	1,004	171.9%
減価償却費	332	1,293	961	389.5%
営業利益（損失）	△779	676	1,455	
経常利益（損失）	△256	688	944	
当期純利益（損失）	△263	667	930	

図表 1 - 1 - 14　病院経営の改善（統合前と現在の収益・費用の構造変化）

	日本海総合病院・酒田医療センター合算収益費用比較 （百万円）		
	2007年度	2016年度	比較
営業収益	14,171	18,956	4,785
入院収益	9,947	12,928	2,981
外来収益	3,470	4,868	1,398
営業費用	15,349	18,433	3,084
給与費	8,496	8,403	△93
材料費	3,677	4,637	960
経費	2,342	2,677	335
減価償却費	627	1,389	762
営業利益（損失）	△1,178	523	1,701
減価償却引当前収支	182	2,235	2,053
経常収支	△480	608	1,088
当期純利益	△491	587	1,078

図表1-1-15　統合後の患者動態変化

	2007年度	2016年度	増減
病床数	528床＋400床	646床＋114床	（＋118床）＋（－286床）
延外来患者数	414,385人	336,264人	－18.9%
新外来患者数	40,753人	29,603人	－27.4%
延入院患者数	259,637人	225,634人	－13.1%
新入院患者数	15,584人	16,637人	＋6.8%
平均在院日数 (旧県立日本海病院)	17.3日	11.7日	－5.6日

図表1-1-16　経常損益の推移

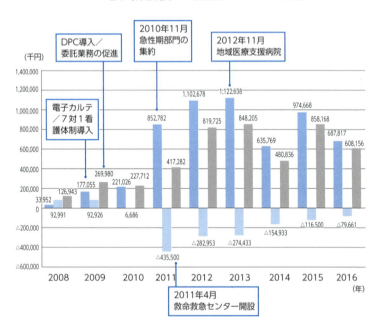

連経費が2億2,000万円減。

②委託契約の全面見直し等により、2008年1億円超の経費節減。

③臨時、補助者の大量採用により時間外手当が従来の4分の3に。

④ガイドラインよりも低い単価での増設工事の発注（総務省㎡当たり30万円→28万6,000円台）。

　急性期病院としての日本海総合病院の統合前と2016年度営業収益を比較すると、92億6,500万円増の178億8,500万円となり、病床数1.2倍に対し、営業収益は2.1倍となっている。

　これに対して、営業費用は78億1,000万円増えて172億900万円、営業利益は6億7,600万円となった。この費用の中には、2011年度から独立行政法人会計基準で義務付けられた退職引当金等の引当金をはじめ、地方独立行政法人に課されている雇用保険の事業主負担や医療施設以外の固定資産税も含まれており、独立行政法人全体としても劇的な経営改善効果があったことは明らかである（図表1-1-13、図表1-1-14）。

　手術件数は、移行完全終了後である2011年度において、その前の両病院合計件数より900件以上増えて6,000件を超えた。ここでも、診療科の集約化による効果を見てとれる。

　患者動態については、統合前と2016年度の患者数を比較すると、延べ外来患者数は−18.9％、外来新患数は−27.4％、延べ入院患者数は−13.1％とそれぞれ減少している。その一方で、新入院患者数は＋6.8％、紹介率は64.4％と12％の上昇を示し、病床回転率は大幅に向上して、平均在院日数は−5.6日とかなり短縮される結果となった（図表1-1-15）。

　法人発足以来の経常損益の推移（図表1-1-16）については、日本海総合病院は統合以降順調に経常黒字を計上しているが、酒田医療センターはそれまで分担していた急性期の患者を日本海総合病院へ移す作業と改修工事の関係で、2011年度の移行期は大幅な赤字となった。その後、徐々に経営状況は改善してきているものの、経

図表1-1-17　日本海総合病院財務指標比較

	2007年度	2016年度	比較	全国平均値（2014年度）
病床数	528床	630床	102床	
営業収支比率	91.7%	103.9%	12.2%	97.5% 以上
経常収支比率	97.5%	103.8%	6.3%	102.7% 以上 （100% 以上）
入院単価	39,373円	63,328円	23,955円	
外来単価	8,957円	14,504円	5,547円	
人件費率	59.5%	43.0%	△16.5%	47.2%
材料費率	28.2%	25.8%	△2.4%	26.3%
経費率	16.2%	14.0%	△2.2%	
不良債務	25億円	0	△25億円	
減価償却費	3.37億円	12.93億円	9.56億円	
病床利用率	85.4%	81.9%	△3.5%	83.7% （80%）
病床回転率	176.3%	260.0%	83.7%	
平均在院日数	17.3日	11.7日	△5.6日	

※1 （　）は第3期中期計画目標値：2014年公立病院500床以上の黒字病院の数値
※2 病床数は、稼働病床数

常黒字にまでは至っていない。

　図表1-1-17は急性期の日本海総合病院における再編前後の各経営数値と病床回転率、平均在院日数である。これを見ると、統合前後に大きな業務構造変化が起きたことがわかる。

地域の課題と今後の対応

1　地域の課題

　北庄内地域の今後の課題としては、わが国のほとんどすべての地方と同様、過疎化と高齢化である。病院統合以来10年間、順調な運営と経営を継続してきたが、持続性については現在の二次医療圏

図表 1-1-18　庄内二次医療圏将来人口推計　　　　　　　　　　　　　　　　（人）

北庄内	2012年度	2015年度	2020年度	2025年度	2030年度	2035年度	2040年度
0～14歳	17,946 (100%)	16,106 (90%)	13,777 (77%)	11,983 (67%)	10,519 (59%)	9,510 (53%)	8,775 (49%)
15～64歳	87,278 (100%)	77,339 (89%)	69,048 (79%)	62,277 (71%)	56,389 (65%)	50,844 (58%)	44,801 (51%)
65～74歳	19,135 (100%)	21,140 (110%)	22,557 (118%)	19,763 (103%)	16,812 (88%)	15,004 (78%)	14,575 (76%)
75歳～	25,195 (100%)	25,488 (101%)	25,362 (101%)	27,253 (108%)	28,252 (112%)	27,557 (109%)	25,886 (103%)
全年齢	149,554 (100%)	140,073 (94%)	130,744 (87%)	121,276 (81%)	111,972 (75%)	102,915 (69%)	94,037 (63%)

南庄内	2012年度	2015年度	2020年度	2025年度	2030年度	2035年度	2040年度
0～14歳	18,003 (100%)	16,355 (91%)	14,456 (80%)	12,790 (71%)	11,443 (64%)	10,538 (59%)	9,835 (55%)
15～64歳	84,207 (100%)	76,848 (91%)	70,031 (83%)	64,502 (77%)	59,658 (71%)	55,028 (65%)	49,630 (59%)
65～74歳	17,734 (100%)	19,555 (110%)	20,924 (118%)	18,926 (107%)	16,467 (93%)	14,836 (84%)	14,698 (83%)
75歳～	23,853 (100%)	24,440 (102%)	24,398 (102%)	25,929 (109%)	26,959 (113%)	26,651 (112%)	25,440 (107%)
全年齢	143,797 (100%)	137,198 (95%)	129,809 (90%)	122,147 (85%)	114,527 (80%)	107,053 (74%)	99,603 (69%)

2025年庄内二次医療圏基幹病院患者数は8％減少する

の医療提供体制のままでは見通しは立たないと考えている。**図表1-1-18**は2013年、山形大学医学部と関連病院会等で組織している蔵王協議会関連施設部会ワーキンググループ（以下、WG）でまとめた庄内二次医療圏将来人口推計である。

　これによれば、64歳までの生産年齢人口は2012年を100としても減少する一方で、2025年には80～85％になると予想され、65～74歳人口も2020年あたりをピークに、それ以降は減少に転じる。庄内二次医療圏の基幹病院患者数は8～10％減少すると予想される。現段階の庄内における予測は、2015年からの10年間で人口は

12％、3万人強が減少すると考えられ、年齢階層別で増加するのは75歳以上のみで、子ども世代は20％以上も落ち込むとの予測である。

こうした予測を受け、WGは次のような意見書を出した。

○過疎化における患者数減少、高齢化による在院日数長期化の圧力の中、各関連病院は現状の体制のままでは診療機能も経営もうまくいかなくなる。
○急性期医療を地域に継続して確保するためには、急性期機能の集約化とそれ以外の病院機能の見直しが不可欠。

同時にWGでは、「地域の消耗戦を収束させて病院を救う道は、非営利を厳正化して地域である程度の独占を許容すること、運営主体が独立したままで機能分担しようとしても経営利害が衝突してうまくいかないので、複数の医療機関がグループ化して病床、診療科、医療機器配置などを効率化し、病院単独ではなく地域で必要な医療提供体制を効率化できる仕組みが必要である」と提言している。

このように、庄内二次医療圏の過疎化の進行は深刻な状態で、このまま過疎化が進行して二次医療圏全体の医療提供体制に何ら変化がなければ、持続は困難であると推察される。生産年齢人口の減少は7年後から始まる近未来の話であり、世上言われるように2025年以降は急激な業務の落ち込みが必至であるので、当地区の医療介護提供体制はそれに向けて早急に再構築しないと機能も経営も成り立たなくなるものと思われる。

特に近年は、民間医療機関や介護施設を中心に、職員の確保が極めて厳しい状況にあり、地域医療構想の根幹が職員の枯渇によって崩壊しかねない状況にあることが否定できない。

図表1-1-19は、山形県が策定した庄内二次医療圏における地域医療構想に沿った機能別病床数である。これによると、庄内二次医療圏の2025年機能別の病床数は、「高度急性期病床」＋「一般急性

図表1-1-19　庄内二次医療圏の病床数推移

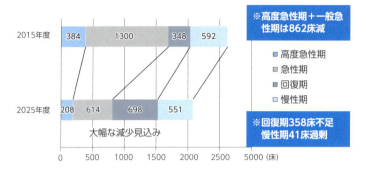

期病床」は現在の1,684床から822床へと半減する一方で、「回復期病床」は350床が不足し、「慢性期病床」は41床が過剰すると見込まれており、過剰病床数の調整は人口減と相応して作業を進めなければならず、地域医療構想の協議の場とされる調整会議において、これが進められるかどうかは疑いを持たざるを得ない。

2　地域医療連携推進法人設立に向けて

　以上、これまで述べた経緯と現況を踏まえ、当地域の対応の1つとして計画されている、地域医療連携推進法人について述べる。

　2012年設置の社会保障制度改革国民会議では、いわゆる2025年問題を念頭に置いて段階的に実施すべき改革の方向性が示されたが、この中ではいわゆる病院完結から地域完結への変更が強調されている。

　こうした国民会議の議論を受け、「日本再興戦略」改訂2014が閣議決定され、複数の医療法人、公的病院、社会福祉法人など医療介護機関を、社員総会等を通じて統括する非営利ホールディングカンパニー型法人制度創設が盛り込まれた。2014年6月に改定成長戦略として閣議決定され政府方針となったものが、今般の地域医療連携推進法人の原型である。

その後、厚生労働省の「医療法人等の事業展開に関する検討会」を中心に制度設計が行われ、同検討会のまとめを踏まえて今般の「地域医療連携推進法人」が創設された。

改正医療法成立を受けて、当地区では地区医師会や圏内一部病院長などによる随意的な懇談の機会が持たれるようになった。

以下は、この席での検討内容をまとめたものである。

①日本海総合病院の運営は、これまで以上の連携と協調により地域の病院と共生することの重要性を増しており、病院単体では経営を考えられなくなってきている。

②非営利を徹底して地域内である程度の独占が許容されないと、病院や介護施設の運営は中長期的な継続性を担保できなくなっている。

③そのためには、地域で必要な医療介護にかかる費用を地域全体の連結決算として考え、効率化を目指すべきである。

④地域で際限のない消耗戦を終わりにすべきで、2025年以降の急激なマーケット縮小を考えると時間はほとんど残されてない。

以上のような考えを軸にして、今後の展開について議論を深めていった。2016年4月に、北庄内の将来に興味を示す地区医師会を含む5法人に声をかけ、勉強会から始めることにした。同年6月から連携推進法人設立に向けた実務者会議を設置し、疑問点や共同事業の項目確認等を行った。同年8月に入り、各法人理事会は地域医療連携推進法人設立協議会の立ち上げを決議、同年9月に第1回目の設立協議会を開催している。同年11月の第2回設立協議会において、地域医療連携推進法人「日本海ヘルスケアネット」の立ち上げを決定した。

開設者への説明を挟んでさらに共同事業、構想区域、法人名、議決権の配分について協議が行われ、2017年3月の第7回実務者会議で定款（案）が提案、承認された。

その後、さらに1社会福祉法人、酒田地区歯科医師会、酒田地区

図表 1-1-20　日本海ヘルスケアネット参加法人概要

	法人名	病床数等規模	診療科	職員数	備考
1	地方独立行政法人 山形県・酒田市 病院機構	◆日本海総合病院 一般等646 ◆酒田リハビリテーション病院 療養35、リハ79 ◆日本海八幡クリニック、他	27診療科 内科、リハ科	1,116人	救命救急センター、ヘリポート、PET-CT等 回復期リハ、デイケア等 診療所、離島、へき地医療
2	一般社団法人 酒田地区医師会	◆会員数　203		16人	訪問看護ステーション、他
3	一般社団法人 酒田地区歯科医師会	◆会員数　72		1人	急性期、社会復帰、認知症等（病棟機能）、グループホーム
4	一般社団法人 酒田地区薬剤師会	◆会員数　149		1人	会営薬局、他
5	医療法人 健友会	◆本間病院 一般80、療養50 地域包括ケア24 ◆老健施設100、他	内科、外科、整形外科、泌尿器科	428人	介護老健 訪問看護ステーション 地域包括支援センター 有料老人ホーム、他
6	医療法人 山容会	◆山容病院 精神220、他	精神科	183人	急性期、社会復帰、認知症等（病棟機能）グループホーム
7	医療法人 宏友会	◆上田診療所　6 ◆老健施設　100、他	外科、胃腸科、肛門科等	160人	介護老健 在宅介護支援センター 地域包括支援センター 訪問看護ステーション、他
8	社会福祉法人 光風会	◆老健施設　100、他		320人	介護老健、地域包括支援センター 特別養護老人ホーム、他
9	社会福祉法人 かたばみ会	◆特養施設　80、他		101人	特養老人、ショートスティ 多機能、他
		ベッド数　2,000強 （各施設定員数も含）		2,326人	

　薬剤師会から新法人へ参加の意向が寄せられ、2017年4月に精神科単科病院特定医療法人からも正式参加要請があり、参加9法人で2018年1月9日に基本合意書の取り交わしが行われた。**図表1-1-20**に参加9法人の概要を示す。

　すでに、各法人とも新法人参加の機関決定を終えたところで、地

図表 1 - 1 - 21　業務別ワーキンググループ項目（実施・検討中）

項目	検討中の業務内容、課題等
人事交流／派遣体制の整備／職員の共同研修	・本間病院への医師（日当直医）の派遣増【2017年4月～実施】 ・訪問看護ステーションへの看護師の派遣開始【2017年8月～実施】 ・不足する職種の相互補完、人材育成の相互派遣【2018年4月～実施予定】 ・派遣の形態、給与等の調整および協定等の検討 ・休日・夜間診療等の応援体制の整備 ・定年を迎える医師の就労機会の確保 ・職員研修の共同実施
維持透析機能の重点、集約化	・日本海総合病院の慢性維持透析患者を本間病院へ【2017年6月～実施】 ・患者増に対応する 　①職員の派遣計画の立案、②施設・機器整備計画の立案 ・送迎バス運行に向けた運用方法の検討・協議【2017年3月～実施】
検査機能の重点、集約化	・経費の削減を図るため日本海総合病院に検査部門をセンター化 ・部門システムの連携等を含む運用方法の検討【2017年3月～実施】
電子カルテ等の共有	・電子カルテの共有化に向けた検討・協議【2017年3月～実施】 ・患者ＩＤの共通化、会計システムとの連動などの諸課題のクリア ・他、各施設の部門システムとの連動（検査、透析機能の集約化、他） ・空床情報の共有化（退院調整、支援等でも活用）
地域包括ケアシステムの構築	・当地区における地域包括ケアのあり方の検討・協議【2017年7月～実施】 ■キーワード：「介護事業連携・機能分担」、「退院支援、退院調整ルール作成」、「要介護者の急変時の対応」、「地域連携クリティカルパスの充実」、「訪問看護ステーションの統合」
ICT等による広報活動／ロゴマークの作成	・共通ロゴマーク作成・表示【2017年4月～実施】 ・ホームページの開設、定期機関紙の発行

域包括ケア実現のために必要な役者が次第に出そろってきつつあるとの感触を持っており、2018年4月の正式設立に向けて作業を進めている。新法人が地域包括ケアシステムの実現に、その機能を発揮するには三師会（日本医師会、日本歯科医師会、日本薬剤師会）、特に地区医師会の参加が欠かせない。**図表 1 - 1 - 21**、**図表 1 - 1 - 22**は、参加法人間で計画されている共同事業の内容である。事業は多岐にわたり、参加法人の事業内容によっては関わりの薄いものが出

図表 1 - 1 -22　業務別ワーキンググループ項目（今後検討が必要）

項目	検討中の業務内容、課題等
薬品・診療材料・委託業務等の共同交渉	・スケールメリットと二重投資回避による経費の削減 ・共同交渉の対象を協議し、削減額を試算 ・共同購入を実施している参加法人への具体的なメリットの提示
高額医療機器（CT、MRI等）の共同利用	・二重投資回避による経費の削減 ・そのためには、機能分担の明確化（手術、検査等の機能集約化）
病床調整	・過剰となる急性期病床と不足する回復期病床を参加法人間で調整 ・地域医療構想との整合性を図りつつ検討 ・2018年度診療報酬、介護報酬の同時改定の動向も注視する必要あり
出資・基金の拠出	・地方独立行政法人法、社会福祉法は出資不可、法整備が必要 ・基金の取り扱い：県から総務省へ照会 ・地域医療を守るため、参加法人が持続可能な経営を行うのに必要な資金調達支援 ・新法人の業務遂行に必要な基金の引き受け
病院、介護施設の開設	・地域に必要とされる、病院、介護施設等を新法人が開設、事業継続が困難な参加法人から新法人への移管等 ・連携推進業務の実施に必要な関連会社の設立 ・資金の確保が必要
患者、住民向けセミナーの開催	・地元産業界との連携も含めて、当面は人間ドックの受け入れ等、現実的なものから検討

てくるので、各業務別にWGをつくり、すでに実施されているものも一部ある。

　職員のリクルート、共同研修、維持透析の集約化、検査機能重点集約化、電子カルテ共有、地域包括ケアのシステム構築、地域ICTの一層の活用と関連事業、さらなる検討項目として薬品、診療材料、委託業務の共同交渉・購入、高額医療機器共同利用、病床調整などがWGで協議されている。看護職員に関しては、2017年8月から医師会運営の訪問看護ステーションなどを含め、病院機構からの出向が行われている。

また、地区薬剤師会は災害時の薬品備蓄や処方薬の宅配業務事業を計画しており、規制緩和後に可能となったいわゆる門内薬局事業についても協議題に上げられている。

　重要なのは出資、基金の拠出であるが、現在のところは地方独立行政法人法、社会福祉法の上位法で規定されるため、出資は不可である。しかしながら資金調達とその循環は、この新法人の持続性担保のために必要不可欠な仕組みであるため、国には今後の弾力的な運用を期待したい。

　以下に、当地域が目指す地域医療連携推進法人設立の基本的な考え方を示す。

○参加法人は新法人から受けるメリットだけ求めるのではなく、地域包括ケアのそれぞれの部分に責任を持つ当事者という自覚を持つ。

○新法人は参加法人を持続可能とする仕組みであり、今後の医療介護制度の大改革を見据えた対応と認識する。

○新法人は事業調整を通じて、地域における診療報酬、介護報酬の適切な再配分を行う。

○参加法人の各事業費用を連携推進区域内の連結決算で管理し、必要なら医療機関、介護施設の再編を新法人がリードし、地域から重複投資による資本、資産流出を可能な限り阻止して、次世代のために将来資金を確保する。

3　今後の地域医療に何が重要か

　今後の地域医療の課題は、過疎高齢化仕様の医療介護提供体制を地域で効率的に提供できる体制をいかに構築できるかに尽きる。医療機関完結から地域完結への変更が強調されているが、多職種連携やすみ分けといった表面的な利害調整では持ちこたえられないと考えている。

今後は、地域内での連結費用管理と人材確保、医療機関、施設の経営資源再配分までを含むものでなければならず、個別の機関の存続を財務が裏打ちするものでなければならない。

　2015年現在、東京圏の一都三県には日本の全人口の28.4％が集まり、人口比率を超えて貸出額の52.3％、預金の44.5％が集中しているという。地方の少子過疎化に伴い、地方から都市部への資本資産の流出はかつてないほどのスピードで進んでおり、果たしてこの形が国のあり方として適切なのか疑念を抱かざるを得ない。

　また、今後のわが国の人口減少が推定通りに進めば、2015年からの25年間に、民営企業数は107万社も減少し、4,600万人もの雇用が失われると予測されている。

　2001年から2014年にかけて地方の雇用は建設関連から福祉関連に移り、全都道府県で建設支出割合は減少、社会保障支出が増加してきた。特に九州、西日本での社会保障依存度が高くなっている。1997年当時、地方の公共事業は10兆円に迫る勢いであったが、これに依存していた地方の雇用は、2001年の小泉政権、2009年からの鳩山政権で大幅に減少して、現在は公共事業からほぼ完全に社会保障関連事業に移っている。現在の地域経済を支えているのは、医療、介護、福祉産業であるとといってよい状況である。これも2025年以降は需要が急速に先細りし、国の経済・財政の基本的な骨格構造が変わることがなければ、いずれ公共事業と同じ運命をたどることになるかもしれない。われわれの新法人事業も過疎化と高齢化に追い込まれた地方の過疎化仕様・期間限定ビジネスモデルという側面があることは否定できない。

　しかしながら、国が抜本的な財政再建、社会保障財源改革を実行するまでの貴重な時間稼ぎの側面は有しており、地方が自身の考えと力で自立するために必要なステップとなり得るのではないかと考えているところである。

◆栗谷義樹(くりや・よしき)略歴

秋田県出身。1972年、東北大学医学部卒業。由利組合病院外科科長、市立酒田病院外科科長を経て、1998年4月、市立酒田病院院長。2008年4月、独立行政法人山形県・酒田市病院機構理事長。山形県医師会副会長、日本医師会代議員(〜2014年3月)等を歴任。2018年4月、地域医療連携推進法人日本海ヘルスケアネット代表理事に就任。

第2章

日常生活圏域を起点とした地域ヘルスケア基盤の構築
——けいじゅヘルスケアシステム

社会医療法人財団董仙会恵寿総合病院 理事長
神野 正博

地域特性と院長を引き継いだ後の基盤づくり

1 「地域とのかかわり」を重視する背景

　恵寿総合病院は1934年、筆者の祖父である神野正隣が「いつでも、誰でも、たやすく安心して診療を受けられる病院にする」との精神のもとに創設した神野病院が前身で、今年（2018年）で創立84年となる。この間、祖父、2代目で父の神野正一は、医療だけなく、介護・福祉、保健の複合体グループを形成してきた。

　筆者は3代目理事長としてグループ全体の経営を担っている。現在、426床（一般病棟282床、HCU10床、回復期リハビリテーション病棟47床、地域包括ケア病棟47床、障害者病棟40床）の恵寿総合病院を中核とした「けいじゅヘルスケアシステム」を構築、能登半島で「先端医療から福祉まで『生きる』を応援します。」という経営方針のもと、地域のまちづくりまでを視野に入れた独自のケア体制の整備を進めている（図表1-2-1）。

　けいじゅヘルスケアシステムが目指すのは、患者、地域社会から選んでいただける質の高いサービスを提供し続けること。また、さまざまな制度の間、施設の間、あるいは人の心の中にある垣根（バリア）を取り払った連続的なサービスを提供することである（図表

図表1-2-1　けいじゅヘルスケアシステムの全体イメージ

図表1-2-2　地域包括ヘルスケアシステムのイメージ

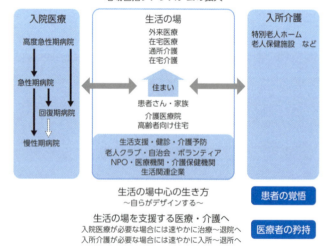

1-2-2)。

　この使命に向かって、職員が心を1つにすると共に、全国に先駆けてIT（情報技術）による電子カルテをはじめ、制度・施設・距離を埋めるべく情報網をつくってきた。また、情報網を利用して問い合わせに専門職員が対応する「けいじゅサービスセンター」（コールセンター）などのシステムも整備してきた（53ページ参照）。

　恵寿総合病院はこれまで一貫して「地域とのかかわり」という視点に立って医療、介護・福祉などのサービスの充実に努めてきた。「地域とのかかわり」は初代、2代目から続く基本姿勢だが、筆者の代になりいっそう重要に、また切実なものとなった。それは恵寿総合病院が立地する七尾市（石川県能登中部医療圏）という地域の特性と深く関わっている。

　七尾市の人口は、全国の地方都市と同じように減少を続けている。現在は約5万3,000人で、2035年には4万人を切ると予想される。一方で、高齢化率（65歳以上の割合）も上昇の一途をたどる。全国平均を8ポイントほど上回り、すでに3割超となっている。2025年には40％を超える見通しだ。人口減と高齢化で、このままでは七尾市は衰退するばかりだ。それは恵寿総合病院の経営を脅かすことを意味する。つまり、地域にどう関わり活性化させていくかは、病院が生き残っていく上で避けては通れない喫緊の課題なのだ。

　こうした背景のもと、けいじゅヘルスケアシステムを整備してきた。とはいえ、最初からそのような危機意識を持っていたわけではない。どのような経過でけいじゅヘルスケアシステムが生れたのか、筆者が院長を引き継いだ時から振り返ってみたい。

2　院長になって初めて知った病院経営の厳しさ

　筆者は1992年、外科部長として恵寿総合病院に入職した。それまで、臨床医として患者の治療に専念し、病院経営について考えたことはなかった。状況が変わったのは翌1993年、院長に就任して

からだ（1995年に理事長就任）。病院経営者になり、自院の内情を初めて知った。今でも鮮明に覚えているのは、院長になってすぐ、当時のメインバンクの支店長に「今度のボーナスの資金はどうするんですか？」と尋ねられた時のことである。何の話をしているのかさっぱり理解できなかったが、そこで聞かされた内容は、法人の借入金が多額で自己資本比率も低く、このままではボーナスの資金は貸せないというものだった。

実は前理事長の父が、1980年代に入り積極的な設備投資をしていた。石川県内で最初に老人保健施設をつくったほか、心臓外科の手術に力を入れるためにCCU（集中治療室）や人工心肺の設備を導入、専門医を新たに採用するなどかなりの投資を行っていた。その結果、病院の財政はひっ迫していたのである。

今思えば支店長の親心だったのかもしれないが、経営状態の悪さを厳しく指摘されたことに対し、元来負けず嫌いな性格の私は内心で反発、絶対に見返さなければならないと心に決めた。それが病院経営について考え始めたきっかけである。

3　組織改革の第一歩、失敗を繰り返してたどり着いたSPDの導入

財政再建が喫緊の課題であることは明白だったが、ではどこから手をつけたらよいのかと思い悩んだ。筆者はまだ30代で、副院長や事務長などの経営幹部は皆年上だった。医師や看護師にも年長者が多数おり、彼らの理解を得ながらコスト削減を進めるには、もっとも手っ取り早い人件費の抑制という手法を取るのは難しかった。

人件費以外で、削れるところはどこか。ひらめいたのが、ITの活用でコスト削減ができないかというアイデアだった。当時はパソコンが普及し始めた時期で、職員の多くはパソコンに触ったこともなく、筆者も詳しくはなかったが、経営幹部らを納得させるには誰も知らない領域に強くなるしかないと考えたのだ。

最初に取り組んだのが「物」の管理だ。「人」の部分での経費削減は困難だが、周辺業務や仕組みを効率化することで経営改善を図る狙いである。これが、現在一般的に普及しているSPDにつながることになるのだが、そこにたどり着くまでには紆余曲折があった。

　まず着手したのは用度課の改革で、院内で使用する多種多様な物品の在庫をパソコンで定数管理し、余剰在庫を抱えず適切な購入を行うよう指示した。まずは部署を絞って取り組みを開始し、一定の効果があったため、その後、病院全体ですべての物品を定数管理するように指示したが、現場スタッフから「人手不足でそこまでできない」と反発された。

　そこで、病院の清掃業務を委託していた会社と組むことにした。その手法は各病棟や手術室からの請求伝票を集めて、パソコンの表計算ソフトにデータ入力していくというものだった。半年ほどのデータを蓄積して把握した各物品の1か月の使用量をもとに定数を決め、科学的な定数配置による在庫管理を行った。ところが、これも難航した。データをもとに誰が物品を管理するのかという問題が生じたのだ。委託業者は院内に常駐職員を置いてデータ入力は行うが、実際の在庫管理は病院職員が行わなければならない。看護師に任せてみたものの、「どうせ使うものだし、在庫切れになると困る」という心理が働くのか、どうしても在庫を多く持ちたがり、結局は余分な在庫を抱えることになる。考えてみれば、在庫管理は看護師の本来業務ではなく、彼らに任せるのは無理だと断念した。

　再び失敗したものの、集まったデータをABC分析（重点分析）した結果、病院の約20％の物品が全体の80％のコストを占めており、それは手術室と心臓カテーテルの血管造影室であることがわかった。そこで手術室と血管造影室の2つだけを対象に、それぞれもっとも納入量の多い卸業者にすべての物品を任せると共に、在庫管理まで依頼した。いわゆる「富山の置き薬」方式で、使った分だけ支払う仕組みである。この2室は物品のサイクルが非常に早い上、

次々と新商品が発売され、その都度価格交渉をしなければならない
のだが、妥当な価格がわからない。そこで何人かの病院経営者に協
力してもらい価格調査を行ったところ、当院の購入価格がもっとも
高いことがわかった。その結果をもとに、「他院はもっと安く購入
しているようなので、価格を下げてほしい」と卸業者に値下げ交渉
を行ったのだが、「確かに他院に比べ納入価格は高いけれど、貴院
には800万円ほどの在庫を置いている。その分も含めて価格設定し
ているので理解していただきたい」と反論された。確かに、物流経
費の負担をお願いしておきながら、価格は引き下げてほしいという
のは無理な相談であり、この「富山の置き薬」方式は中止した。

こうして3度目の挑戦も失敗したが、それでもあきらめず、ほか
に何かよい方法はないかと考えていた1994年、三菱商事（現エム・
シー・ヘルスケア）と出会った。三菱商事は当時、スーパーやコン
ビニエンスストアで使われていたバーコードによる物品管理システ
ムを病院に導入したいと考えており、その協力先を探していたのだ。
さっそくプレゼンテーションをしてもらったところ、画期的な物流
管理システムだったことから、その場で採用を決めた。

これが現在のSPDの原型となった。当院はSPD導入によって、在
庫の低減、倉庫スペースの削減などを行い、数億円のコスト削減に
つなげることができた。

4　医薬品にもSPDを導入し、法人の強みに

SPDで医療材料の合理化に成功すると、次は薬の合理化に取り組
んだ。当時、ある医療雑誌に関東の病院が大手医薬品卸業者と組ん
で薬の購入を一本化したという記事が掲載されていた。医療材料は
SPDで一本化したので、薬も同じように1社に絞ればいい。すぐに
その卸業者に相談したところ、協力を断られた。実はその仕組みは
うまく機能していなかったのである。

それでもあきらめきれず、取引先の大手や中堅の卸業者数社に声

をかけ、「今後、取引を1社に絞るので、値引き率を提示してほしい」と依頼したが、前向きに対応してくれたのは当時富山に本社を置く中堅卸業者だけで、同社にお願いすることになった。同社にとっては当法人との取引は価格的に少し不利な面があっただろうが、結果的に商品ラインアップが増えたのも事実で、Win-Winの関係がつくれたのではないかと思っている。現在も、当法人で取引している医薬品卸業者は同社だけだ。

　このように医療材料・医薬品のSPD導入に成功したわけだが、その効果はコスト削減だけにとどまらない。職員がコアミッションに集中できるようになった点も大きなメリットだ。看護師は間接業務が減り、本来の看護業務に力を入れられるようになった。薬剤師も同様だ。職員がコアミッションに力を注ぐことが医療の質を高める上で重要であり、それがわれわれの強みになる。人材採用面でもプラスに作用している。

5　職員教育にもつながる経営改革の要点

　SPDを導入後、いずれは共同購入に取り組みたいと考えていた。それにはまず、SPDを導入する病院を増やさなければならない。仲間が増えれば共同購入が可能になるからだ。そこで筆者が広報マン役になり、講演会などで当院の実績を示しながらSPD導入を働きかけた。それが結実し、共同購入が始まった。2009年には、日本ホスピタルアライアンス（NHA）を任意団体として設立。経営母体の異なるさまざまな医療機関の参加を得て、「病院による病院のための共同購入」を理念に掲げ、2012年に一般社団法人化した。現在、200近い病院が参加している。

　医療材料・医薬品のSPDにせよ、共同購入にせよ、病院の改革を行う上で重要なのは、組織マネジメントである。管理職や現場職員の協力をいかに得るかが、改革を推進するためのカギになる。職員は自分の部署で新しい取り組みをすることに強い抵抗感を示す。特

に医師の協力を得るのは容易ではない。例えば、コスト削減のために価格が安い医療材料や医薬品を使うことを強いると、反発を受けることが多い。そこで、医師や現場職員が使いたい商品を、いかに安価で仕入れる仕組みづくりをするかということに注力した。当院でSPDが比較的スムーズに進んだのは、このような医師への配慮を怠らなかったからだと考えている。

　こうして改革が動き出し、うまく進み始めると院内の空気も変わる。当院には全国から毎年数百人の見学者が訪れるが、その際は現場職員が、自分たちの取り組みについて説明する。職員は「苦労したけれど、やってよかった」と思えるようになり、自信を持つようになる。改革は、職員教育にもつながっているのだ。

「つなげる」をキーワードに医療と介護を統合

1　ワンストップサービスを提供する組織づくり

　SPDによる院内合理化にメドがつき、次に取り組んだのが医療と介護・福祉サービスの統合、「けいじゅヘルスケアシステム」の構築である。けいじゅヘルスケアシステムの土台は、先代の父の時代にある程度形づくられていた。筆者が経営者になってからもいくつか大型施設が増えたが、問題はそれらの医療、介護・福祉の施設がそれぞれ独自に動いていたことだ。例えば患者が病院から退院した後に介護が必要になった場合、その受け入れ施設やサービスを患者や家族が自分たちで探さなければならない。それは大きな負担を強いることになる。

　こうした負担をなくし利便性を高めるには、医療と介護をつなぐ境目のないサービスの実現が不可欠だと考えた。そのためにはグループ全体を有機的につなげる必要がある。そうした問題意識のもと、まず名称を統一した。医療・介護を手がける社会医療法人財団董仙

会と、介護・福祉を担う社会福祉法人徳充会。2つの名前では、患者や利用者に同じグループだと認知してもらいにくいため、2000年に法人格はそのままではあるが、「けいじゅヘルスケアシステム」という名称に統合した（図表1-2-3）。

その上で、患者や利用者にワンストップのサービスを提供できる体制づくりに取り組んだ。グループの各施設から人が集まり会議を開催するほか、情報交換の場を数多く設けた。ベッドコントロールも早い段階から実施し、総合病院から退院する患者がすぐに家に戻れない場合などは、どの施設が受け入れるのかといった話し合いを行った。

このように、けいじゅヘルスケアシステムのポイントは、「つなげる」ことにある。医療保険制度と介護保険制度、医療機関と介護施設、さまざまな専門職――。それらが有機的につながるためには、間をうまく結び付ける「つなぎ役」が必要となる。そうした人材を

図表1-2-3　けいじゅヘルスケアシステム

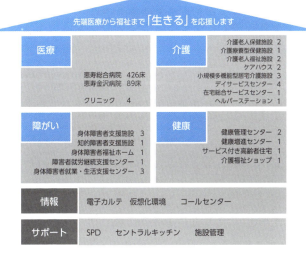

いかに育成するかが重要だ。

本来、その役割は医療ソーシャルワーカー（MSW）が担うことが多いが、MSWは社会福祉系学部出身者が多く、医療に関しては知識が乏しいという難点がある。一方、当グループでは早くからリハビリテーションに力を入れてきたことから、理学療法士（PT）や作業療法士（OT）が数多く在籍する。彼らは医療の知識が豊富で、急性期、療養期、在宅医療までを理解している。そこで、PT、OTをつなぎ役の中心に据えた。

とはいえ、当初は試行錯誤の繰り返しだった。PT、OTにはそれぞれ得手不得手があり、興味の対象となる機能も異なる。そこで、急性期病院から老人施設、訪問リハなど各施設をローテートさせることで、それぞれの分野について学び、自信を持ってもらった上でつなぎ役としての仕事を与えた。

グループ全体を把握する彼らは、その後キャリアチェンジし、経営幹部として成長している。ちなみに、当グループの事務局長はOT、在宅施設のトップはPTである。

2 ITシステムを活用した患者情報の統合

けいじゅヘルスケアシステムでは、つなぎ役である「人」と共に、「ITシステム」が重要な役割を担っている。けいじゅヘルスケアシステム発足に先駆けて、1997年、「統合オーダリングシステム」（医療情報システム）の運用を始めた。SPDによる物の管理の次に、情報の管理を行うためである。

統合オーダリングシステムの狙いは2つある。1つは、医療の質の向上。もう1つは、物と患者をひも付けることだ。SPDでは当初からバーコードを使っており、同じようにカルテをはじめとした患者情報に関係するものすべてにバーコードを付けることで病院と患者をつなぎ、さらにその他の施設ともITでつないで、情報を一元管理した。

患者のIDを1つにして医療、介護・福祉をすべてひも付けることで、各施設で患者の情報を共有でき、医療・介護サービスの質を高められる。1人の患者に関わる物のコスト管理も可能になった。
　けいじゅヘルスケアシステムを支える「表」の部分がPTやOTなど人によるつなぎであるとすれば、ITシステムは「裏」のつなぎの仕組みと言える。これらは車の両輪と同様、どちらが欠けてもうまく機能しない。

3　医療・介護コールセンターの開設

　2000年、けいじゅヘルスケアシステムの発足と同時に、この統合オーダリングシステムをベースにした、全国初の医療・介護コールセンター（けいじゅサービスセンター）を開設した（**図表1-2-4**）。患者や利用者から電話を受けると、病院や介護の予約、キャンセルなどあらゆることに対応するサービスである。患者や利用者は医療、介護・福祉すべてについて1つのIDで登録されているので、それが可能となった。

図表1-2-4　けいじゅサービスセンター（コールセンター）

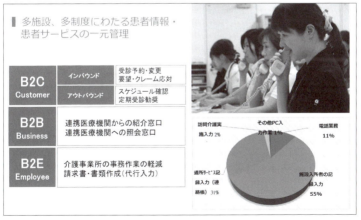

このコールセンターが2000年に稼働したのには理由がある。2000年は介護保険制度がスタートした年で、コールセンターはそれに対応するためのシステムだった。介護保険制度の開始と共に、患者や利用者からの問い合わせが増えることは目に見えていた。一方で、その対応は各事業所が行うので、患者や利用者はたらい回しにされる懸念があった。1か所ですべてのサービスを完結できるコールセンターをつくれば、患者や利用者の利便性が大幅に向上すると考えたのだ。

　コールセンターの機能は、その後少しずつ増えていった。サービスの予約・キャンセル・変更受付、電話による満足度調査の実施、連携の受付窓口、健診入力支援、補助金事業として子育てコールセンター、脳卒中で地域と連携する登録データの入力センターなどである。さらに、2010年からは入所施設の記録入力、2013年からは外来予約の受付センター、2016年にはオンデマンド送迎車（楽のり君）の予約受付……と充実を図ってきた。

　このように、今では重要な役割を担うコールセンターだが、開設に当たっては投資額がかなりの規模に膨らむため、その資金をどう賄うかという問題に直面した。そこで生まれたのが、病院内にコンビニエンスストアを誘致するというアイデアだった。

　救急病院内に24時間営業の売店が併設されていれば、患者や家族にとっては非常に便利だ。しかし当時、院内にあった売店経営者は、「赤字になる」との理由で24時間営業には応じてくれなかった。24時間営業のコンビニを誘致すれば、コールセンター開設の資金が賄えると共に、患者や家族の利便性もアップする。2つの大きなメリットがあることがわかり、全国初となる病院内24時間営業のコンビニ（ホスピタルローソン）が、コールセンターと同時に誕生した。

　これは見事に成功した。当院は周囲に商店がないため患者や家族に喜ばれたほか、看護師をはじめ多くの職員も利用するようになっ

たからだ。ローソンは現在、全国200店舗以上のホスピタルローソンを出店し、業界シェア約50％とトップを誇っている。

4 "恵寿式"地域包括ヘルスケアサービスのポイント

このように構築された、けいじゅヘルスケアシステムは、現在「"恵寿式"地域包括ヘルスケアサービス」として、患者や利用者のさらなる利便性と安心を追求している。ポイントは次の３点である（図表1-2-5）。

①ワンコール：コールセンターを主とするサービスカウンター「けいじゅサービスセンター」を開設し、患者や利用者向けの窓口を一本化。医療や介護の問い合わせ、グループが提供するすべてのサービスの予約を電話１本で行うことができる。

②ワンストップ：けいじゅサービスセンターでは自動音声予約やWeb受付などは行わず、ヒューマンインターフェイスを重視し、患者や利用者の安心につなげている。

図表1-2-5　境目のないサービスの構築

③ワンファクト：患者や利用者1人につき1つのIDで管理。「医療介護統合電子カルテ（KISS）」により、グループすべての施設（病院、診療所、介護施設など）で同じ情報を共有している。

この「"恵寿式"地域包括ヘルスケアサービス」の取り組みが評価され、2016年に日本サービス大賞の総務大臣賞を受賞した。

地方病院だからこそ、やらなければならないこと

1 人口減少時代の増患対策

地域医療を担うわれわれは、地域医療を守っていく責務がある。そのためには病院経営の安定化が何よりも重要だ。民間病院は経営が悪化しても、公立病院のように赤字補てんなどは受けられない。

最初に述べたように、七尾市の人口は減少の一途をたどっている。高齢化率も全国トップ水準だ。当たり前の話だが、当院の患者は皆、地域住民である。このままでは、どんなに質の高い医療を提供しても、患者の数は減っていくばかりだ。

われわれは地域と一蓮托生。何か手を打たなければ、事業を継続することはできないという危機意識をずっと抱いてきた。実際、地域の小中学校は統廃合が進み、ショッピングセンターからは店が姿を消している。相当厳しい状況である。だからこそ、地域に積極的に関わり、われわれの手で地域を耕さなければならないと考え、特にこの10年ほどは、さまざまな地域振興の取り組みを行ってきた。

その一例が、2007年の米国の病院との提携による循環器内科（恵寿ハートセンター）の強化だ。がんの治療レベルは日米に大差はないが、心臓疾患に関しては米国のレベルが際立っている。現地に視察に行った際に驚いたのは、彼らの医療への取り組み方だった。地域に積極的に出て行き、イベントなどを開催していた。講演会に地域住民を集め、そこにABI（足関節上腕血圧比）という検査機器を

56　第1部　地域ヘルスケア基盤 構築事例

持ち込み、無料で検査するのである。また、病院の医師が地域のクリニックに出向き、無償で診察していた。例えば、胃腸消化器クリニックで曜日を決めて心臓に不安を抱える患者を集め、病院の専門医が診察を行う。患者が支払う医療費はクリニックの収入となる。診察した患者のうち、本当に心臓カテーテルなどが必要な重症患者については病院で治療する。病院で治療した後は、再びクリニックに戻す。そのようにWin-Winの関係を構築していた。

こうした活動は、われわれの発想にはなかったものだ。健康教室や講演会などは行っていたが、さらに踏み込んで診察までしているというのは大きな驚きだった。そこで彼らの協力・指導を受けて、当院でも同様の取り組みを行うことにした。そうすれば地域住民に当院のことを知ってもらう機会が増え、増患が図れるだろうと考えたからだ。地域の開業医からすれば、診察は当院の医師が行い、収益はすべて診療所のものとなる。必要ならば病院で治療するが、その後は診療所に返すので、開業医にとってデメリットがない。この活動は開業医からとても歓迎された。

さらに、米国の病院と同じように、症例を増やすことで給料もアップする契約を病院の医師と結んだ。医師は病院で座っているだけでは患者は増えないが、自ら外に出て行くことで患者数増につながる。この取り組みを機に、病院と地域が連携することに対する職員の意識が高まったと実感している。

2　新館を設立、急性期医療の体制強化へ

恵寿総合病院は2013年12月、旧病院から新築移転した。旧館は増改築を繰り返し、築50年と老朽化も問題となっていたが、新館建設の最大の狙いは急性期医療の体制強化にあった。新病院は今後40年を見据えて、医療の飛躍的進歩と高齢人口の増加に対応できるよう、患者の療養環境を高め、手術室や検査室、リハビリテーション室などのスペースを広く取ることをコンセプトにした。問題は、

建築面積が限られていることだった。そこで外来エリアを省スペース化して効率的な運用を目指した。

それを実現するべく導入したのが「ユニバーサル外来」である（図表1-2-6）。眼科や産婦人科を除くすべての診療科（17科）の受付窓口を統一。旧病院では、外来が1〜3階にまたがり診察室が点在していたが、新病院では2階だけで外来診療を完結できるようにした。17科共通仕様（フリーアドレス）の診察室を20室設置。診療科ごと、曜日ごとに、「今日は内科」「明日は外科」というように、各室が柔軟に変化する外来となった。患者はデジタルサイネージによる番号表示で誘導し、迷うことなく診察室へ行けるシステムになっている。これによって患者の利便性が高まったことに加え、職員の動線もシンプルかつ短縮することができた。

ユニバーサル外来は診療科別の固定の診察室ではないため、室内にあるのは医師のデスクとパソコン、秘書（医療クラーク）用デスク、診察ベッドなど各室共通の最低限の備品のみだ。診療に必須の電子カルテはクラウド化することで、医師や職員はいつでもどこでも患者情報をチェックできるようになっている。

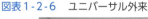

図表1-2-6　ユニバーサル外来

このようにユニバーサル外来は多くの効果を生んだが、スムーズに導入できたわけではない。というのも、医師、看護師、医事職員の理解、意識改革が必要だったからだ。診療科別に診察室があった従来とは働き方、動きが変わる。特に医師は「診察室は自分の部屋」という意識が強いため、その考えを払しょくしてもらうためにさまざまな施策を講じた。例えば、各医師が使う医療器具をその医師専用の1パックにしてバックヤードに用意、いつでも清潔で使いやすい状態にして提供するようにした。

職員の意識、働き方を変えることができた背景には、診療部長や外来医長ら各部門長の協力があった。ユニバーサル外来の狙いや意義を理解し、前向きに取り組んでくれた。かつてのSPDや共同購入などもそうだが、大きな変革には必ず抵抗が伴う。組織マネジメントをしっかりと行い、経営層だけでなく管理職も共通認識を持ち、一体となって取り組むことが重要だ。そうしないと現場への浸透は難しい。

ユニバーサル外来の取り組みは高く評価され、2017年度グッドデザイン賞特別賞「未来づくり」を受賞した。応募総数4,495件の中からベスト100に選定され、さらに「来たるべき社会の礎を築くと認められるデザイン」としてイノベーションを起こしたことが評価された。国や社会の制度に受動的に対応するのではなく、当グループの能動的な姿勢が評価された、最高の受賞だと誇りに思っている。

3　垂直連携から、2D、3D、4Dへの展開

今後も質の高い医療・介護サービスを提供していくためには、持続可能な地域包括ケア体制を構築しなければならない。それには次の4つのステップが必要だと考えている（図表1-2-7）。
①垂直連携する医療：まず、医療が急性期から慢性期、在宅まで連携することが必要。

図表1-2-7　持続可能な地域包括ケア体制の構築

持続可能な包括ケア体制構築のために
①垂直連携する医療
②「地域で連携する」医療・介護　**2D**
③「生涯を通じた」医療・介護　**3D**
■生涯継続的な健康・疾病管理ライフログ
④日常生活圏域を基点としたケア　**4D**
■施設中心の医療から生活中心のケア（Daily Life Basis Care）
→セルフマネジメントへ
→地域振興、街づくりへ

②「地域で連携する」医療・介護（2D）：医療と介護の連携。

③「生涯を通じた」医療・介護（3D）：生涯継続的な健康管理ライフログ。時間軸を取り入れることで、医療、介護、福祉のすべてが一気通貫でわかるという仕組みづくり。当グループには約20年のデータの蓄積があり、先んじていると自負している。

④日常生活圏を基点としたケア（4D）：施設中心の医療から生活中心のケアへの移行。いわゆるクオリティ・オブ・ライフ。人生や生活の質に、当グループが関わっていくことが重要になる。この第4ステップが、現在の主要テーマである。

　第4ステップに関して、一例として2017年9月にサービスを始めた「カルテコ」についてご紹介したい。これは患者自らが診療情報の一部をスマートフォンなどで閲覧できるサービスである。当グループは現在、「生きるをデザインしよう」との方針で、「EHR」（Electric Health Record：電子カルテ）から「PHR」（Personal Health Record）へ移行する取り組みを推進している。PHRとは、患者自身の健康情報や病院で検査した詳しい検査結果の管理をサポートするシステムである。当グループでは、医療介護統合型電子カルテ「KISS」で患者や利用者1人につき1つのIDで管理（ワンファクト）しているが、今後、これらの情報を生活にもつなげていか

なければならないと考えている。

そのPHRとして導入したのが、メディカル・データ・ビジョン社の「カルテコ」だ（図表1-2-8）。カルテコは、電子カルテ（EHR）上にある病名、検査、画像、薬の情報などを患者本人が所有、管理する仕組みだ。スマートフォン、タブレット、パソコンなど各種デバイスで管理できる。最大のメリットは、これまで閉ざされていたカルテ情報を患者本人に返し、患者自身が管理することで自らの健康管理に役立てられる点にある。

カルテコで見ることができる情報は、症状リスト、傷病名、診療中に使われた薬、処方された薬、処置・手術、検査結果など。レントゲンや超音波検査、CT、MRI画像といった検査画像も閲覧できる。これにより、母子手帳、電子お薬手帳に代わる生涯にわたる健康手帳などとして活用することも可能になる。

医師にすべてを任せ、何が行われているのか本人はよく知らないという従来型医療ではなく、自分の健康を自分で管理し関わってい

図表1-2-8　PHR「カルテコ」

第2章　日常生活圏域を起点とした地域ヘルスケア基盤の構築　61

く「参加型医療」を実現するためのツールとして、PHRの活用範囲は広い。

カルテコは、電子カルテの情報を管理するほか、自宅で測った血圧や歩数計の情報、食べたもの、フィットネスクラブでの運動量など、自身で生活情報を入力してもらうことで、医療と生活をつなげていくことも狙いの1つだ。

現在、国も同様の取り組みを進めているが、セキュリティの問題などがあり、思うように進んでいないようだ。当グループが先んじて行い、国の制度ができたら、データを一本化することも考えている。

4 病院の品質から地域の品質の時代へ

前述した第4ステップ（60ページ参照）は、地域振興とも密接に関連している。筆者は、これからの地域医療は「病院の品質から地域の品質の時代へ」がポイントになると考えている。「病院の品質」とは、治療レベルを上げることだが、われわれはその先のことにも取り組まなければならない。それが「地域の品質」をいかに高めるかということだ。つまり地域を活性化し、人々にこの地域を選んでもらい、住んでもらえるようにするということである。

その取り組みの1つが、2015年に始めた「恵寿ハッピー・リタイアメント・プロジェクト」だ。都市部で働いていた人に定年後に七尾市に移住してもらい、その経験と能力を当グループで生かしてもらおうという活動だ。仕事は総務・労務管理、看護・介護、企画、広報など幅広い。これまでに、大手電機メーカー、大手商社、公立病院の院長、大病院の事務職員などを受け入れた。

現在、国は「生涯活躍のまち（日本版CCRC）」構想を進めており、筆者はその有識者会議の委員を務めている。日本版CCRCは東京圏をはじめとする大都市部の中高年層の人たちが地方に移住し、健康で活動的な生活を送り、必要に応じて医療や介護を受けられる

地域づくりを目指すものだ。

　今、全国の自治体では、そうした移住者の獲得に力を入れている。その中で、七尾市を選んでもらえるようなまちづくりをする必要がある。例えば、全国には温泉があり、魚がおいしく、空気がきれいで、土地が余っている地域がたくさんある。しかし、脳卒中や心筋梗塞などをすぐに治療できる体制が整っているかを考えると、多くの地域が脱落する。高度な医療が必要な疾病の治療は、時間との勝負だ。その点で、当グループの医療・介護サービスは、七尾市のセールスポイントの1つになると自負している。

5　「もう一段上のプロダクト・アウト」の具現化

　地域振興が大切だとはいえ、当グループだけでできることは限られている。したがって地域住民、地元企業、商店などとの協力、コラボレーションが重要になってくる。企業とコラボすることで地元産業発展にも寄与できる。例えば、弁当店が高齢者の家に配食して見守りをし、何か問題があればわれわれに連絡してもらうようなことも可能だろう。そうやって地元企業と生活という接点でつながりWin-Winの関係をつくり、さらには患者も含めて三方よしの関係を構築することが必要だ。

　企業とのコラボの実例として、2016年にサービスを始めた入院患者向けの「手ぶらパック」を紹介したい。あるリネンサプライ企業とコラボした新サービスで、1日500円でバスタオルとハンドタオル、パジャマが使い放題になるというものだ。800円だとパンツとシャツも使い放題になる。汚れたら自由に新しいものと取り換えられる。利便性が高いと、利用者から好評だ。これはまさに生活関連サービスである。病院だけでなく、サービス付き高齢者住宅でも洗濯が面倒という人がたくさんいる。そこで、当グループ内のサ高住でも同じサービスを利用できるようにした。老人保健施設でも2017年から導入し、利用者が増えている。

こうしたサービスは、筆者の考える「もう一段上のプロダクト・アウト」の具現化でもある。ビジネス界では一般に、サービスや商品を提供する企業が供給側の発想で商品開発を行う「プロダクト・アウト」というマーケティング手法と、市場のニーズに合ったサービスや商品を投入する「マーケット・イン」というマーケティング手法の2つを用いて事業を展開している。現在は「マーケット・イン」が主流になっているが、医療・介護では「もう一段上のプロダクト・アウト」が重要だと考える。つまり、患者や利用者がまだ気付いていないニーズを掘り起こし、提供するということだ。「手ぶらパック」はその好例と言えるだろう。

困難な状況だからこそ生まれるイノベーション

1 知の創造・技の熟練がコンセプトの「Keiju Innovation Hub」

当グループの置かれた環境は、都会の病院とはまったく異なる。そうした中で、都会の病院と同じことをしていても意味がない。何かしらイノベーティブなことを先んじて行い、われわれの特長を世間にアピールしていかなければならない。SPDや共同購入、院内コンビニ、ユニバーサル外来などは、まさにその実践例だ。

イノベーションは経営トップだけが起こすものではない。当グループの職員1人ひとりにイノベーティブな発想を持ってもらうことが大切だ。そのため、2015年に「Keiju Innovation Hub」を開所した。「知の創造・技の熟練」をコンセプトとし、医師や看護師らが医療用シミュレーターを用いて医療技術を磨いたり、カンファレンスなどを通じて医療従事者のレベルアップを目指す施設だ。

また、事業譲渡・統合などで組織が大きくなっているため、中途入職者にも共通認識を持って同じ方向を向いてらうためには、自分たちの行動指針が必要だ。「Keiju Innovation Hub」という教育セ

ンターを充実させて、医療に限らず介護やさまざまな部門の職員の教育を一元化した。

「Keiju Innovation Hub」は、創造し続ける仲間と共に見えてくるまで考え抜く、そんな構想ができる場所。能力は必ず進歩する。そのために、原点に戻り、努力を積み重ねる場所である。「Keiju Innovation Hub」の活用を通じ、地域における医療の質向上を目指している。

2 失敗を恐れず、地域全体を巻き込んだ進化を目指す

筆者が経営者になって25年、多くのイノベーションに挑戦してきた。その根底には一貫して「地域とのかかわり」という視点がある。地域が活性化しなくては、当グループの存続も危うくなるからだ。

筆者は現在、地元の七尾商工会議所の副会頭を務め、経済人としても活動している。商工会議所では創業支援の仕組みをつくるなど地域振興に積極的に関与している。今後は医療・介護だけでなく、他の産業分野の企業や団体すべてが協働した総力戦で地域振興に臨まなければならないと考えている。

グループ全体で約1,700人の職員を抱え、その家族も含めると数千人の生活に対して責任を持っている。その重圧は、どんどん強く感じるようになっている。

当グループからイノベーションを取ってしまったら、普通の病院になってしまう。それでは生き残ることはできない。これからも失敗を恐れず、果敢にイノベーションに挑戦していきたい。

◆神野正博(かんの・まさひろ)略歴

1980年、日本医科大学卒業。1986年、金沢大学大学院医学専攻科卒業(医学博士)。金沢大学第2外科助手、恵寿総合病院外科科長を経て、1993年、同病院院長に就任(2008年退任)。1995年、特定医療法人財団董仙会(2008年11月より社会療法人財団に改称)理事長、2011年、社会福祉法人徳充会理事長併任。現在、全日本病院協会副会長、日本社会医療法人協議会副会長、日本専門医機構理事、サービス産業生産性協議会(SPRING)幹事、石川県病院協会副会長、七尾商工会議所副会頭などを務める。

第**3**章

病院の分割による地域ヘルスケア基盤の再構築
——JA長野厚生連と佐久総合病院

JA長野厚生連佐久総合病院 名誉院長

夏川 周介

組織の成り立ちと、地域における取り組み

1 厚生連の沿革と概況

　JA（Japan Agricultural Cooperatives：日本の農業協同組合＝農協）グループは、人々が連帯し、助け合うことを意味する「相互扶助」の精神のもとに、組合員自らの出資により、組合員農家の農業経営と生活を守り、よりよい地域社会を築くことを目的としてつくられた協同組合である。また、厚生連は「厚生農業協同組合連合会」の略称であり、JAグループの医療事業を担う部門である。協同組合としての共通するスローガンは"Each for All, All for Each（一人は万人のために　万人は一人のために）"である。

　協同組合の沿革は1900年に制定された産業組合法に基づき、1919年11月、窮乏している農村地域の無医村地区の解消と低廉な医療供給を目的として、島根県鹿足郡青原村の信用購買販売生産組合が医療事業を兼営したことが、そもそものはじまりである。このような運動は全国的な広がりを見せたが、戦時中は農業会に改組し存続するも、1948年に解散。その後、農協法の下で厚生連がこれを継承して現在に至っている。

　厚生連は、医療法第31条に規定する公的医療機関の開設者であ

る。1984年4月1日から施行された法人税法の改正により、法人税が課税されない非課税団体でもある。

　一部の例外を除いて、運営の基本的な構成単位は都道府県ごとに組織され、その上に全国レベルの全国厚生農業協同組合連合会（以下、全厚連）が位置している。運営の主体は各地区の厚生連に委ねられているため、全厚連の機能は緩やかな全体管理指導や情報の集約と発信、研修、学会（日本農村医学会）事務局等にとどまる。また、各地区厚生連は独自に運営されており、学術関連以外の分野では相互連携に乏しいというのが実態である[1]。

　現在、病院を持つ厚生連は21の道県にわたっており、病院施設は108、診療所は65を有している。一方、健診活動を専門に行う厚生連は12の都県に存在している。厚生連未設置は14府県である。施設の分布状況としては、明らかな東高西低の様相を示しており、立地条件では42.6％の施設が人口5万人以下の市町村に存在している。

　主な事業活動である健康管理活動は、農村健診センター21施設において、2016年度に実施した健康診断の受診者数は、一般健診・単独健診と人間ドックを合わせて約330万人にものぼる。

　へき地医療活動としては、24病院が「へき地中核病院・へき地医療拠点病院」の指定を受けている。臨床研修指定は92の病院が受けている。救命救急センター数12、救急告示病院数99であり、災害拠点病院数は44となっている。また、看護師養成は15施設で行っている。

　老人福祉事業は、厚生連の重要な柱である。介護保険制度の実施事業者数は49施設、訪問看護ステーション99施設、介護老人保健施設31施設、特別養護老人ホーム8棟、居宅介護支援91施設となっている[2]。

2 JA長野厚生連および佐久総合病院の概況

　長野厚生連は11病院、3分院、4診療所、6老人保健施設を有しており、これら各施設を統括するのが長野厚生連本所である。運営に関しては各病院の自主性が尊重されており、収支は病院ごとの独立採算性を原則とする。基本的な運営方針は各病院で策定され、農協代表の監事・本所・病院の各代表で構成される理事会と上部組織である経営管理委員会で承認を受ける。また、各施設とも地元行政や農協、医師会等の代表者によって構成される院外運営委員会を有し、運営状況の報告と運営方針の承認を得る。資金管理は本所一括の方式をとっており、承認された基本計画に沿って病院に出資する仕組みとなっている。

　法令遵守（コンプライアンス）の面においては、JA長野厚生連としていくつかの規定が役職員必携として明示され、行動基準が定められている。また、監査に関しては地方行政の指導・監査やJA全国監査機構、各県連における定期内部監査、加えて農林水産省の管理・指導を受けている[3]。

3 佐久総合病院の歴史と概況

1. 歴史

　佐久総合病院は、日本の屋根とも称される長野県東部の佐久地方に位置し、日本で一番長い川である信濃川の源流（千曲川）や日本鉄道最高地点の野辺山駅が存在する高所・寒冷の地を一次医療圏に有する場所に、終戦前年の1944年に設立された（**図表1-3-1**）。

　設立された当時は、人口数千人の寒村に医師2人、20床の診療所という小ぢんまりとした施設であったが、昭和40年代には1,000床を超える規模にまで発展し、「戦後医療界の奇跡」とまで称された。その特異な経緯には関しては、日本病院会出版より刊行された『病院物語』に詳しい[4]。この本のあとがきで監修者である梶原優

図表1-3-1　佐久総合病院主要年譜

1944（昭和19）年 1月	病院開設	
1945（昭和20）年 3月	若月俊一、外科医長として赴任	
11月	劇団部結成	
1947（昭和22）年 5月	第1回病院祭開催	
8月	第1回長野県農村医学研究会開催	
9月	輸血協会を組織	
10月	病院患者給食開始(戦後国内初)	
1948（昭和23）年 4月	インターン指定病院となる	
1952（昭和27）年 4月	カリエス患者会「白樺会」設立	
7月	第1回日本農村医学会総会開催	
1954（昭和29）年 9月	小海診療所開設	
1959（昭和34）年 6月	八千穂村全村健康管理始まる	
1960（昭和35）年 9月	佐久総合病院看護学校開校	
1961（昭和36）年 8月	第1回農村医学夏季大学講座開校	
1963（昭和38）年 1月	日本農村医学研究所開設	
1967（昭和42）年6・10月	ベトナム戦争犯罪調査団派遣	
1968（昭和43）年 5月	病院新増築完成	
7月	臨床研修病院に指定	
10月	第4回国際農村医学会開催	
1973（昭和48）年10月	健康管理センター開設	
	第1回アジア農村医学会開催	
1976（昭和51）年 8月	若月院長マグサイサイ賞受賞	
1977（昭和52）年11月	全国農村保健研修センター開設	
1982（昭和57）年10月	野球部、第37回国体優勝	
1987（昭和62）年 7月	老人保健施設開設	
1996（平成8）年 6月	救命救急センター・外来棟増改築	
1998（平成10）年 6月	屋上ヘリポート完成	
1999（平成11）年 5月	日帰り手術センター設置	
2003（平成15）年 4月	小海分院開設（日赤からの移管）	
2005（平成17）年 7月	小海分院新築完成、ドクターヘリ運航開始	
2014（平成26）年 3月	佐久医療センター完成	
2017（平成29）年 4月	佐久総合病院本院病棟新築完成	

（日本病院会副会長〔当時〕）は、「この度、病院物語を出版する中で、著者の西沢氏は信州の佐久総合病院と築地の聖路加国際病院を取り上げました。名だたる全国の中核病院の中でも、この二病院を選択した理由は明白であります。この二病院の歴史をひもとくことによって、日本医療140年の近代史が理解できることであります。

時代や政治に翻弄されながらも医療を通して、地域の生命と健康を守り続けるという信念、理念を通りこした執念すら感じられます」と述べている。

規模の面からだけ発展の過程を見ると、まさに戦後の復興から高度経済成長への道をひた走った日本の姿と重なって見える。しかし、時流に乗って規模の拡大が達成できたわけではない。むしろ、困窮劣悪な農村地域にあって、戦後の工業社会の実現と生産優先の政策から取り残され、経済発展のひずみをさまざまな形で受ける格好となった農村・農民の環境と健康を守るため、1945年に赴任し、以降50年間にわたり院長を務めた故若月俊一名誉総長の情熱的な指導の下、地域に根差した地道な活動の成果であると思われる。

当院の創立期は、有史以来大きく変わることのなかった日本の農村・農民の劣悪な生活環境、農作業に由来する健康障害に向き合って、医療のみならず社会環境や行政的視点から問題をあぶり出し、医学的・社会的・科学的手法により、その解明と改善に取り組んだ、まさに農村医学と予防医学創生の時期であった。

経済的、時間的、距離的な要因から病院にかかることができなかった、そして医学的無知から病院にかかることをしなかった人たちに対し、出張診療班を編成し無医村に出かけ、保健・予防活動に尽力した。また、演劇による健康教育は、子供から大人まで幅広い共感を呼んだ。1947年からは病院祭を開催し、地域住民への衛生思想の普及を図った。

こうした保健予防活動は、1959年の八千穂村全村健康管理活動となり、健康増進および医療費減少効果もあって、1973年には長野県厚生連健康管理センターが併設され、長野県下全域にわたる集団健康スクリーニング活動へとつながった。これらの実績と経緯は、1983年の老人保健法の健康診査、さらには2008年の特定健診・特定保健指導制定のモデルにもなったのである。高度経済成長の時代は、生産優先政策から生じた農薬中毒や農機具災害などから農民の

健康を守る闘いの時期に当たり、1963年に日本農村医学研究所を設立し、精力的な調査・研究を行ってきた。

　同時に一次予防から集団健診による二次予防、さらには三次予防として都会に引けを取らない医療の提供を目的として、最先端の医療施設や技術導入を行って、農村医学の先進地として国際的にも評価されるようになった。そして近年は、急速に進む超高齢社会への対応として、高齢者介護・福祉、在宅医療の実践が求められる時代となり、1987年には国のモデル事業として、全国初となる病院併設型の老人保健施設を開設した。また、1989年に若手医師の自主的取り組みから始まった在宅ケア組織は、1994年、地域ケア科として確立された。

　救急医療の面では、広大な地域をカバーするため、早い時期から救急隊員の指導と教育に取り組み、資質の向上に努めてきた。現在は、東信地域唯一の救急救命センターおよび地域災害拠点病院として広域の救急医療を担っている。

　新たな地域包括医療ネットワーク構築のための病院分割再構築計画（詳細後述）は、2016年に佐久医療センターがオープンしたことにより、一応の完成をみた。

2. 概況

　佐久総合病院の三次診療圏である長野県の東信地区の面積は、神奈川県の広さに匹敵するにもかかわらず、人口は40万人余りにすぎない。とりわけ、一次医療圏である南佐久郡は、東信地区の40％強の面積を有するが、人口は3万人弱という典型的な過疎地域である。その一方で、周辺市町村と合併したことで2005年4月1日からは10万人都市の病院となり、近年の高速道路や新幹線の開通によって、病院周辺の交通事情や生活環境は大きく変化しつつある。

　このような地域に、図表1-3-2に示すような施設ネットワークを構築している。その内訳は病院3、直轄診療所1、医師派遣を行

図表1-3-2 佐久総合病院の地域医療ネットワーク

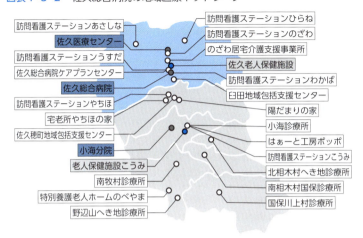

う国保診療所5、老人保健施設2、訪問看護ステーション7、在宅介護支援センター2、付属関連施設として健康管理センター、看護専門学校、農村保健研修センター、農村医学研究所等である。

さらに社会福祉法人JA長野会（長野県JAグループの高齢者福祉事業部門）が運営する特別養護老人ホームや障害者福祉施設の運営にも深く関わっている。また、診療圏に点在する国保診療所や他の医療機関に常勤・非常勤医師を多数派遣し、行政への保健師の派遣も行っている。

現在、佐久総合病院グループ全体の職員総数2,300余名、うち医師数は230余名を数える。

3．病院運営の特徴

当院の病院運営の特徴は、次の4点である。
① 5-3-2方式による病院運営
　病院の総力を10として、5の部分を入院医療に、3の部分を外

来医療に、そして2の部分を保健予防活動、健診活動（近年では在宅・福祉医療活動）に当てる運営方式である。この方式の根底を成す理念は「予防は治療に勝る」である。

② "二足のわらじ"方式

高度医療と同時に第一線医療を実践することである。一次医療から三次医療まで地域が必要とする医療を、包括的に提供する体制と機能の確立を目的としている。

③ "車の両輪"論

これは「医療は文化である」との考えに基づくものであり、医療活動と文化活動の相乗的実践である。その目的とするところは、演劇をはじめとする各種文化・スポーツ活動や病院祭、広報活動による住民への医療知識の啓発・普及と地域の人々との交流を深めることである。

また、職員の団結力を高め職場の活性化を促し、他職種間の交流を深めると共に良好な人間関係を築き、社会人として健全な人格の涵養と生活に活気と潤いをもたらすと同時に、職員確保と職場定着の有力な手段とすることでもある。

④ 労働組合の経営参加

労働組合の組織形態はユニオンショップ制であり、院長、副院長、事務長、看護部長以外の者は全員が単一組合員である。病院運営においては、労使双方の代表者による院内運営委員会を最高議決機関としている。院内外における積極的な文化活動の推進は病院の基本方針であるが、数々の行事や活動については病院と労組の共催という形をとることを原則としている。

4. 救急医療

救急医療はもっとも重要な医療部門であり、広大な地域のほぼ中央に位置する基幹病院の使命として、「365日24時間、救急患者を断らない」ことをモットーに取り組んできた。救命率向上のため、

図表1-3-3　佐久総合病院における救急医療・教育への対応

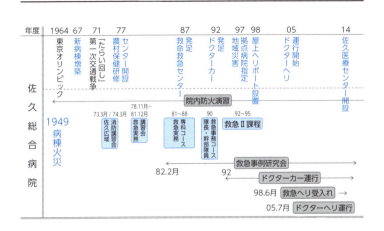

早くから救急隊員の教育に力を入れてきた。県の消防学校が開校する以前には、農村保健研修センターにおいて県下全域の救急隊員の教育も請け負ってきた。その歴史的経緯は、図表1-3-3に示した通りである。

5．健康管理活動

前述のように、健康管理・予防活動は病院運営の重要な柱であり、現在は年間7～10万人余りの県下全域にわたる集団健康スクリーニング活動を行っている。この活動の特徴は、健康管理センターと長野県下11の厚生連病院が同一方式をとることで相互に連携を持ちながら実施していること、地域の要望に応えた巡回方式をとっていることである。当院における人間ドックは1959年に始まり、今では年間で、日帰りドック約8,000人、1泊2日ドック約5,000人の利用者がある。

6．在宅医療

　前述のように、1989年に若手医師の自主的取り組みから始まった在宅ケア組織は、1994年に地域ケア科として確立され、現在300名前後の登録患者に対する年間訪問診療は約2,500件となっている。

　また、7か所の訪問看護ステーションにおいて、年間4万数千件の訪問看護を行っており、必要に応じて神経内科、形成外科、皮膚科、眼科、歯科等の専門科医師も同行する。

　年間100件余りの看取りを行い、登録患者の在宅死亡率は50％を超えている。がんのターミナル患者の在宅死亡率が高いのは、緩和ケアチームの努力に負うところが大きい。

7．人材確保と教育・研修

　地理的、環境的に不利な地域であることは否めないため、創立当初より人材確保の努力を怠らないできた。病院運営の根幹をなす医師の確保について言えば、当然のことながら自前の医師確保を余儀なくされてきた。すなわち、研修医確保が最大の課題であり、古くはインターン制度の時代から医学生の実習に力を入れてきた。1968年の制度変更以後は臨床研修指定病院として、当初よりプライマリヘルスケアの修得を目的としたスーパーローテーション方式を研修プログラムの基本とし、全国にその特徴をアピールしてきたのである。現在まで447名の初期研修医を数えており、その出身大学は74校にも及ぶ。卒後臨床研修の義務化以降、定員15名（2017年より16名）に対しフルマッチの状況が続いている。これには人材育成課が主体的に関わっている。また、後述する国際保健医療科の活動に共感した学生の応募が多いのも特徴である。

　ちなみに、常勤医師の構成割合は大学関連医師25％、研修医後の医師30％、中途採用医師22％、初期および後期研修医33％であり、地方の病院としては珍しい医局編成となっている。

看護師確保については、1960年に長野県厚生連の看護師養成学校（現看護専門学校）が設立され、その運営を担っている。現在、一科定員80名であり、卒業後は各事業所に規模に応じた均等割で就職している。当院の看護職員のうち、約半数が卒業生で占められている。また2008年には、長野県厚生連の支援により看護学単科の佐久大学が新設され、有機的連携の下に看護教育の充実・発展に努めている。

　1977年に開設した関連施設である農村保健研修センターでは、年間30数種類の研修事業を行っており、県内外から多数の受講者を集めている。その内容は医療マネジメント、安全管理、診療情報管理（がん登録やコーディング）、保健・健診、メディエーション、褥瘡、口腔ケア等の専門分野から各種職員研修、研修医教育など多種多彩な分野に及んでいる。また、全国から参加者が集う農村医学夏期大学講座は、57回を数える。

8. 国際保健医療科の活動

　佐久総合病院の理念の中には、プライマリヘルスケアの確立と、発展途上国への国際保健医療への貢献も掲げられている。以前から佐久病院の歴史と実践を学ぼうと、アジア諸国を中心とした途上国からの視察が絶えない。また職員の中にも海外医療協力経験者、希望者が多く、さまざまな活動を行っている。JICA（独立行政法人国際協力機構）との連携も深く、農村保健研修センターにおいては8年間にわたりインドネシアから青年研修生を受け入れるなど、草の根活動を行ってきた。2015年5月には、若月俊一の理念（医療に恵まれない貧しい地域の住民のいのちと環境を守り、生きがいのある暮らしができる地域をつくる）を生かし設立されたフィリピン大学医学部レイテ分校との間に、人材交流に関する覚書が交わされた。

9．医療文化活動と広報活動

　当院は、医療活動と文化活動を円滑かつ有効的に推進する手段・戦略として、さまざまな広報活動を積極的に展開してきた。それぞれの活動を有機的に連結することにより、医療運動にまで発展させてきたのである。

① 出張診療と演劇活動

　1945年12月より出張診療班を編成し、無医村・無医地区に出かけ、医療・保健・予防活動を始めた。ユニークなのは、この出張診療に演劇や人形劇が加えられたことである。これは、宮沢賢治の「農村では、難しい医療保健の演説をしてはいけない。劇で、笑ったり泣いたりしながら、その中で納得させるのがいい」との教えに習ったものであり、当時から子供から大人まで幅広い共感を呼んだ。現在も労働組合の文化部として演劇班の活動は継続され、さまざまなイベントに出演している。

② 病院祭

　病院祭は、佐久総合病院の年間行事の中で最大のものである。その意義について、若月は次のように述べている。

　「私どもが“病院祭”を始めたのは、じつに終戦直後、昭和22年5月であった。佐久地方に昔から“小満祭”という蚕の祭りがあり、近在から数万人もの大変な人が集まる。その稲荷神社が、我が病院が所在する臼田町にある。筆者はこの祭りに目をつけた。この大勢の人出を利用して、病院と農村医学の宣伝をしようと思い立った。私どもの病院のスローガンは、当初から“地域住民とともに”であり、“地域の中へ”であったから、“病院まつり”の発想は、たちまち全従業員の支持を得た」[5]

　取り上げられたテーマは、時代を反映したものである。初期には寄生虫や伝染病、これが昭和30年代になると農薬中毒や母ちゃん農業の問題となり、昭和40年代は農村公害や出稼ぎ農民、昭和50年代は集団健診や有機農業、そして昭和60年代は寝たきり老人や

在宅ケアの問題というように、それぞれの時代に、住民が望む内容が企画された。

年を追うごとに、内容も豊富となり、単なる衛生展覧ではなく、健康健診や健康相談のほか、「院長にものを聞く会」、さらには歌あり、踊りあり、映画ありと多種多様なイベントが会場のあちこちで催され、今では住民参加型のお祭りへと発展しつつある。県外からの観覧者も多く、土日の2日間で1万数千人の人出を数える。

病院祭のもう1つの重要な意義は、病院あげての取り組みにある。全従業員がさまざまなテーマの企画・準備に職種を越え、看護学校、さらには地域諸団体をも交えて共同で取り組むことで、祭りを楽しみつつ、新たな交流と親睦を通じて一体感が生まれる。

また、祭りの期間中に、地域住民代表者を招いての「祝賀会」と、2日目の従業員「慰労会」を盛大に行うことも恒例となっている。1980年から祭りの様子を『病院祭パネル集』として編集・発刊し、関係者に配布している。掲載内容は、病院祭の準備風景や当日の展示風景などで、すべての展示物をカラー写真で載せ、解説を加えている。イベント風景等も、細大漏らさず収録されている。

③　農村医学夏季大学講座

農村医学の研究成果を、第一線で働く保健婦や生活指導員、農協関係者、農村で働く医療従事者などに広く紹介する目的で、1961年に第1回目の講座が開講された。

2泊3日の日程（現在は1泊2日）で、全国の医療・福祉現場から受講者が集まる。交流会の場では、講師も交え、受講者相互による情報交換や議論が活発に行われる。

④　患者会

もっとも古い患者会は、1952年設立の「白樺会」と称するカリエス患者の会である。当時、"死の門を開く"として恐れられた脊椎カリエスの外科的治療に、わが国で初めて成功し、その有効性を多くの医学会で発表したため、県内外から患者が集まった。会設立の

第3章　病院の分割による地域ヘルスケア基盤の再構築　　79

趣旨は、患者相互の親睦と健康管理にあったが、同時に医療費の国庫負担、保険給付や結核対策の推進を国や県に求める活動も目的としていた。しかし、結核患者の減少に伴い第60回の総会をもってその役割を終えた。

胃の切除を受けた人たちの患者会「無胃会」の設立は1962年であり、毎年11月23日の勤労感謝の日に行われる総会は、終日、「健康健診→健康相談→講演会→懇親会」という流れで進む。このほかにも現在、糖尿病や人工肛門（膀胱）、乳がんなど、13の患者会があり、それぞれの活動を行っている。

⑤　広報誌・刊行物

直接的な病院広報としては、広報誌の発行があり、近年は病院ホームページがこれに加わる。

当院では、1946年に結成された従業員組合の機関誌が、長く病院広報誌としての役割も兼ねてきた。組合結成60年を記念して発刊された縮刷版は全3巻6,546ページものボリュームとなり、貴重な歴史的資料となった。

病院独自の広報誌である『農民とともに』は月1回定期発刊され、これまでに163号を重ねており、ヘルスケア情報誌コンクールでBHI賞を3回受賞している。基本的に院内報の体裁をとり、職員の情報の共有と一体感の醸成を目的としているが、広く院外の関係者にも配布している。

ほかにも患者さん向けの案内版『おかげんはいかがですか』を発行している。さらに、年1回刊行の業績集と病院年報があり、これには詳細な疾病統計を付記している。

ホームページへのアクセス数は右肩上がりで増え続け、月平均2万件に達する。病院のホームページは、今では日常的情報発信の要であり、その効果的運用は病院経営の重要な手段となっている。

歴史の節目には記念誌が発刊され、1999年には、病院の歩み全体を振り返り、日本医療史の中における佐久総合病院の歴史的役割

を分析した創立50年記念誌『佐久病院史』を出版した。

　最近では、『農村医療の原点Ⅰ～Ⅴ』や『季刊佐久病院』などの刊行がある。また、昭和20年代後半には労働組合の文化部に映画部が結成され、年間を通じてさまざまな病院内外の行事や出来事を記録してきた。独自に制作した記録映画も80本以上を数える。これと同時に活動してきた写真班の功績も見逃せない。

分割による病院再構築

1　分割移転までの紆余曲折

　佐久病院の再構築計画は、2001年の秋に方向性が定まった。その背景には、築40年を越えた本院の老朽化により、利用者に満足な療養環境を提供することができなくなったこと、急速に高度化が進む医療への対応が施設的・設備的に困難になったことがあった。また、職員に劣悪な職場環境を強いる状況となっていた。これら諸問題を改善するのは、根本的な施設整備が必要であるとの結論に達した。

　当初、現地再構築も検討されたが、日照権による規制を抱えた狭隘（あい）な現在地での建て替えは不可能であった。そして何よりも、劣悪な駐車場環境は解決されず、広域医療圏における地理的不利・不便さも病院の将来性を考える上で問題となった。

　さらには、戦後一貫して地域医療の充実を図り、地域中核病院として一次医療から三次医療まで幅広く担ってきたがために、自らの病院機能分化は難しく、国の進める医療政策についていくことは不可能と判断した。結果的に病院機能を分け、現在地と他の場所に新たな施設をつくり、機能分化を図る再構築計画が決定されたのであった。

　しかし、1つの病院を2つに分けることなど前代未聞の出来事で

あり、院内において具体的な内容の検討に膨大な時間が費やされた。

計画の遂行に当たっては、以下の3つの高いハードルを超えなければならなかった。すなわち、①新病院の建設地確保、②医師会をはじめとする地域の医療機関の了承を得ること、③地域住民の理解を得ることであった。

建設地確保は紆余曲折を経て、自前で市の中心部に土地を手に入れたが、工業専用地であったため用途変更には難渋し、最終的には県知事裁定による承認を待たなければならなかった。

地域の基幹病院であるがゆえに、医師会や他の病院との意見調整は困難な作業となったが、医療政策の流れは急速に機能分化の方向に傾く中、「紹介・逆紹介」を基本とする地域医療支援病院とかかりつけ医の関係を深め、医療連携による地域包括医療の推進に邁進することを前面に打ち出すことで、理解と協力を求めた。

また、地元住民の間では、分割移転が最終的には全面移転につながるのではないかとの懸念が根強くあった。そうした誤解を払拭するために誠意を尽くした説明を繰り返して行く中で、首長交代により体制が変わった行政や広域住民の理解が進んで支援の輪が拡がり、最終的には17万人余りの住民署名が決定打となって計画承認に至った。

2　1990年代以降の佐久総合病院の事業展開

この間の10年余りの歳月は、わが国の医療情勢が制度的にも状況的にも大きく変化した時期と重なる。

実際、当地域や佐久総合病院においてもいくつかの大きな変革があった。その1つは、2003年に近隣の日赤病院が医師不足から廃院するという、地域医療崩壊の前兆といえるような事態に陥ったが、地域住民・自治体の要請により、佐久総合病院が分院としてその後医療を引き受けたことである。

老朽化した日赤病院は、2年後の2005年7月に小海分院として

全面新築され、この分院を核に佐久南部において小規模ながらも地域医療ネットワークの構築が大きく進んだ。

救急医療の分野では、2005年7月に全国で10番目となるドクターヘリの運行を開始し、東信（三次医療圏）唯一の救命救急センターの機能が大きく向上した。翌年の2006年には、長野県のがん診療連携拠点病院に指定された。

さらに病院としての再構築を視野に入れて、急速に変化する医療情勢に対応するべく、さまざまな事業を展開した。

ハード面においては、人間ドック棟増築（1994年）、訪問看護ステーション・研修医棟・東洋医学研究所の建設（1994年）、救命救急センター・外来棟の増築（1996年）、新病棟（南病棟）・屋上ヘリポートの設置（1998年）、日帰り手術センターの設置（1999年）、診療所新築移転（2000年）、美里分院（慢性精神および認知症疾患専門施設）および2か所目となる老健施設開設（2001年）、小規模多機能福祉施設開設（2003年）、小海分院完成（2005年）等の整備を行っている。

ソフト面としては、地域医療部（地域ケア科、地域診療所科、国際保健医療科）の設立（2001年）、診療情報管理室開設（1994年）、完全型療養型病床群設置（1998年）、日赤病院閉院に伴う分院開設（2003年）、ドクターヘリ運行開始（2005年）、DPC（診断群類別包括支払い）開始（2006年）、7対1看護体系の導入（2007年）等があり、またこの間に、災害拠点病院（1997年）、地域がん診療連携拠点病院（2006年）の指定を受けている。

現状と課題

1 佐久医療センターの開院

2014年4月、急性期医療に特化した450床を有する新病院"佐久

図表1-3-4　佐久医療センターの全景

医療センター"が開院した。従来の病院建築には見られない病棟と外来棟を完全に分離させたユニークな構造をした低層階の建物施設である（図表1-3-4）。

　機能の特徴としては、①救命救急センターを中心とした三次救急医療、②地域がん診療連携拠点病院としてのがんの集学的治療、③脳卒中・循環器病センター、④周産期母子医療センターの4つを柱とした急性期・専門医療に特化していることが挙げられる。

　一方、従来の本院・佐久総合病院は地域密着型医療を主体とした診療機能を有する病院として再整備した。総合診療科、神経内科、精神科、リハビリテーション科、眼科、皮膚科、内科、外科、小児科等があり、精神科病棟、回復期リハ病棟、地域包括ケア病棟を設置している。これにより、佐久医療センターや在宅からの入院受け入れが容易となり、加えて小海分院や2か所の老人保健施設と共に地域医療連携の核にもなっている。また、在宅医療を担う地域ケア

図表1-3-5 分割再構築後の診療体制

	佐久総合病院（本院）	佐久医療センター	小海分院・診療所
診療機能	・総合診療、一般内科 ・在宅医療 ・小児科外来 ・眼科 ・皮膚科 ・（形成外科） ・歯科、口腔外科 ・精神医療、心身医療 ・日帰り手術 ・人間ドック、健診 ・国際保健医療	・救命救急医療 　（救命救急センター、 　災害拠点病院） ・心疾患、脳血管障害 　の急性期診療 ・がん診療 　（地域がん診療連携拠 　点病院） ・周産期母子医療 ・各科の専門診療 ※地域医療支援病院 　（2015年7月1日〜） 　2016年DPCⅡ群指定	・南佐久の医療拠点 ・内科を中心とする入 　院診療 ・小児科 ・整形外科 ・リハビリテーション ・眼科 ・在宅医療 ・診療所医療の拠点 ・福祉への支援
ベッド数	309床	450床	99床
医師数	40〜45人	90〜95人	12人〜
研修医	約50人		

科、人間ドックや住民健診を行う健診部門や日帰り手術センターを設置していることも本院の特徴となっている。それから本院における日帰り手術センターの運用は、佐久医療センターの手術室の効率的運用に寄与している（図表1-3-5）。

分割開院後の佐久医療センターは順調に機能し、2015年6月には目標としていた地域医療支援病院に、その翌年にはDPCⅡ群病院に指定された。

分割前は紹介率34％、逆紹介率48％であったものが、現在は紹介率72％前後、逆紹介率は90％前後で推移し、平均在院日数も11日前後に短縮している。

新入院患者数をはじめ、救急車搬送数、手術件数、全身麻酔件数などいずれの数字も右肩上がりに増え、その結果として診療単価も上昇し、機能分化が経営の効率化につながることを、はからずも実証する形となった。

そして何よりも注目すべきは、2017年度の佐久医療センターからの転出患者（年間約1,000人）の60％前後を、佐久病院グループ以外の他施設が受け入れていることである。この数字は分割前に比べおよそ60％増であり、本院・分院とも地域医療連携が進んでいることを如実に示している。

しかしながら病院の分割再構築は、必然的に施設の分散を伴うものであり、運営効率の低下と人件費の増大、さらには人間関係や一体感の希薄化を招くことにつながりかねない。こうしたマイナス面を極力減少させるために、効率的で機能的な人員の配置と交流に力を入れている。

統合的電子カルテの導入はもとより、テレビシステムによる会議、講演会や研究発表等を3病院間で行っている。また、病院間（約6km）にシャトルバスを定期運行させることで、医師をはじめとする職員や患者、双方向のスムーズな移動を可能にしている。

患者サポートセンターによる外来および入院医療の業務改善も、著しい効果を上げている。医師事務作業補助者の積極的活用は、医師の診療効率を高めるうえで極めて有用である。まだ分割されてから日が浅いこともあり、多額の償却を抱えて経営的には厳しい状況が続いてはいるが、年ごとに改善する方向へ着実に向かっている。

地域医療に重要なもの

1　地域包括ケアシステムの中核を目指す

医療を取り巻く情勢を鑑みると、医療の質の向上と安全の確保が求められる一方で、医療費抑制政策は確実に進められ、不採算医療と非効率医療の切り捨てが危惧される。

このような状況下において、広域な診療圏を抱えながら、平均所得が低く、人口密度が高くない地域にある地方病院の運営は困難を

極め、このままでは地域医療の崩壊につながりかねない危険性をはらんでいる。

その一方で、医療関連産業は多くの地方において基幹産業になりつつある。しかも人集約型、地域密着型の空洞化のない産業であるため、人口減少に悩む地方における有力な雇用創出につながっている。今や、医療関連産業は健全な地域社会の構成と運営、さらには環境づくりに不可欠な要素であると言ってよいだろう。

そのような地域に依拠する基幹病院は、健全な経営を守ると同時に、新たな地域づくりの核としての役割・機能を持つことが求められ、これは医療機関としての社会的使命・責任であると考える。

地域包括ケアシステムの構築が叫ばれる現在、地方をよりどころとする中核病院は、それぞれの地域特性に応じた地域完結型医療体制の構築を、「行政・地域住民・医療機関」が三位一体となって進め、同時に地域包括ケアシステム推進の中核となることが病院の成長につながるものと考える。

2 地域医療機関のあるべき姿

厚生連は農業協同組合として、医療提供体制の不十分な農村に暮らす人々の健康を守るために設立された事業体である。それゆえに、過疎地に存在する病院の割合が多く、必然的に「医療・保健・福祉」を包括的に担うことによって地域医療のセーフティーネットを構築してきたのである。

前述したように、人口密度が低く、文化的施設が少なく、教育的環境にも恵まれていない、かつ交通アクセスも不便な地方の医療機関にとって、医師や看護師をはじめとする人材の確保は、常に病院運営の根幹的課題となっている。

不可欠な要素は、高い理念と確固たる行動目標の存在であり、それを実効性あるものにするための組織運営におけるさまざまな工夫である。前述したように、病院といえども積極的に外へ出る医療活

動が重要であり、それは保健予防活動であり、在宅医療であり、さらには文化活動である。そして、常に包括的地域医療を担うという強い意思が医療者としてのモチベーションの維持につながる。

また、文化活動を病院運営の柱の1つに位置付けることの意義についてはすでに述べた通りだが、働きがい、生きがいを高める重要因子でもあり、職場の活性化にもつながり、ひいては離職防止にも結び付く。

労働組合の経営参加は、職員自らが病院の経営に参加する機会を与えられていることにほかならず、その潜在的意識がボトムアップの力となり、文化活動の活発化につながり、さらには病院の活性化、経営の健全化に大きく寄与しているものと考えている。こうした職場環境が看護師の離職率6％（定年退職者を除く離職率：4.5％）という比較的低い要因にもなっているのではないだろうか。また、多種多様な職場の存在は、勤務形態の多様化とも相まって、個々人が自らのライフステージに適合した職種や職場、働き方の選択肢が増えることを意味し、これも離職防止の強力な要因となっていることは疑いのないところである。

経営戦略的には、病院完結型医療から地域完結型医療への脱却が重要である。日本版IHN（Integrated Healthcare Network：統合ヘルスケアネットワーク）の構築を唱える経済学者の松山幸弘氏は、以前から長野県厚生連はもっとも適した形態を有していると評価している。彼の著書の中で、当院統括副院長の西澤延宏がベンチマーク事業を立ち上げ、長野県厚生連全体の医療の標準化と経営統合を図っていることが紹介されている。それを実現するためには、全施設の統合ICTシステムの導入が不可欠である。

地域に根差した医療を展開し、健康管理・予防活動や介護・福祉の領域まで広範に取り組んできた厚生連病院には、地域住民の多くのヘルスケア情報が蓄積されている。重要なのは、これらの情報を有効に生かし、地域や個々人に還元することである。それには神野

正博氏（社会医療法人財団董仙会恵寿総合病院理事長）が述べるように[7]、提供者中心の仕組みから個人中心への発想の転換が求められる。これは避けては通れない道であろう。

医学者であり医事評論家であった川上武は『佐久病院の21世紀への道』[8] の中で、「病院が過疎化し荒廃を迫られている地域再生の砦として、より有効に機能していくためには、『ともに』の比重が大きくならなければならない」、「とくに大型病院の将来構想を考える場合には、この視点がはっきりしないと、医療の中の先端技術志向が優位となり、他の技術、技術者（医師）を従属的に考えやすくなる。専門医、超専門医は一般医よりも勝ると思いがちである。この発想で将来構想を考えると、その結果は地域・大型病院の個性が何であるかを見失いやすくするように思う」と述べている。まさに正鵠を得た警鐘であり、彼の言に真摯に向き合うことが病院を正しい方向へ導くことになると確信している。

「山高ければ裾野広し」は望ましい組織の形ではあるが、佐久総合病院が描くイメージは富士山のような独立峰ではなく、地元にある八ヶ岳連峰や浅間連峰のように峰々が連なり、広い裾野を形成する組織形態であるべきだと考えている。

おわりに

病院分割再構築といった大事業を終えた今、院内外においてさまざまな評価がなされている。何しろ前例のない事業であったため、職員間にも戸惑いがあり、ましてや従来の受診形態から大幅な変更となった受診者の不安と不満は大きく、その解消が当面の課題となっている。幸いにして大きなトラブルもなく、運営は順調に推移している。今後も地域完結型医療体制の構築に尽力し、地域医療のモデルを目指す所存である。

参考文献

1 ）全国厚生農業協同組合連合会編：全五十年の歩み──全国厚生連五十年史、JA全厚連、2001
2 ）全国厚生農業協同組合連合：平成28年度厚生連事業実績表、平成28年10月
3 ）県厚生農業協同組合連合会編纂：JA長野厚生連50年史、1999
4 ）西沢孝洋：病院物語、日本病院共済会出版部、2010
5 ）若月俊一：健康まつりの意義、公衆衛生Vol. 55、No.11、1991
6 ）松山幸弘：医療改革と経済成長、日本医療企画、2010
7 ）神野正博：2035年に向けた病院での持続可能な戦略を説く、月刊新医療Vol.45、No.1、2018
8 ）若月俊一監修：佐久病院史、勁草書房、1999

◆夏川周介（なつかわ・しゅうすけ）略歴

滋賀県出身。1971年、金沢大学医学部卒業。佐久総合病院外科医長、同院副院長を経て、2003年、佐久総合病院院長。2013年、佐久総合病院名誉院長に就任し、日本農村医学研究所所長、農村保健研修センター所長も務める。2010年度保健文化賞受賞。

第4章

医療圏内の連携による 地域ヘルスケア基盤の構築
——公立昭和病院

公立昭和病院 企業長 兼 院長

上西 紀夫

病院および地域の背景

　2018年度は、2025年問題を見据えた地域医療構想と地域包括ケアシステムをさらに進めるべく、診療報酬と介護報酬の同時改定や医療法の改定などがあり、わが国の医療体制が大きく変わろうとしている時期である。そのような中、当院ではこれまでさまざまな試みや経営努力を行ってきたので、そのことについて述べてみる。

1　病院の歴史

　当院は、焼結を極めた結核やその他の重篤な感染症に対応すべく、東京都下の市町村が集まって1928年に北多摩郡昭和病院組合を設立、翌年の1929年より診療を開始し、今年で90周年を迎える。その後、結核症例の減少と一般的疾患患者の増大に対応して一般病床を設置・増床し、医療法に基づく総合病院として認可された。1972年に公立昭和病院と名称を変更し、二次医療圏である北多摩北部医療圏の5市（清瀬市、東久留米市、西東京市、小平市、東村山市）と北多摩西部医療圏内の東大和市、武蔵村山市、北多摩南部医療圏内の小金井市を加えた8市による組合立病院として発展してきた。

　病床に関しては1985年には602床を有したが、社会情勢や医療

図表1-4-1　高度・急性期医療センター公立昭和病院

情勢に対応し感染症病床を減らして一般病床への転換を行い、さらに建物の老朽化もあり2006年度より病院の増改築工事に着手した。敷地面積が限られていたため居ながら工事となり、足掛け4年半を要したが、2010年8月に病床数518床（一般512床、感染症6床）、31診療科の新しい病院としてスタートした（図表1-4-1）。

そして、加速しつつある医療環境の変化に迅速かつ適切に対応すべく、2014年8月に経営形態をそれまでの地方公営企業法一部適用から全部適用に変更し、運営母体は昭和病院企業団となり現在に至っている（図表1-4-2）。

この間に、救命救急センター、地域災害拠点中核病院、地域医療支援病院、がん診療連携拠点病院、地域周産期母子医療センターなどの指定と、2012年4月からDPC II 群の認定を受け、地域での中核的立場を担いつつ、高度・急性期医療の提供に努めている。なお、2016年度をもって武蔵村山市が脱退したため、現在では7つの市が企業団を構成している。

図表1-4-2　公立昭和病院の沿革

1928（昭和　3）年	「北多摩郡昭和病院組合」設立
1929（昭和　4）年	伝染病院として業務開始（伝染51床）
昭和20〜40年代	結核病院(一般、結核、伝染計200床代)
1972（昭和47）年	「公立昭和病院」と名称変更(一般266床、伝染100床)
1975（昭和50）年	旧医療法による総合病院
1985（昭和60）年	増改築工事終了（一般502床、伝染100床）
1986（昭和61）年	臨床研修病院に指定（一般520床、伝染50床）
1990（平成　2）年	東京都救急医療センターに指定（国指定は1993〔平成5〕年）
1997（平成　9）年	災害拠点病院に指定
1999（平成11）年	感染症指定医療機関に指定（一般540床、感染6床）
2006（平成18）〜2010（平成22）年　増改築工事（一般512床、感染6床）	
2010（平成22）年	都認定がん診療病院に認定（国指定は2011〔平成23〕年） 入院基本料7：1看護開始、地域医療支援病院承認
2012（平成24）年	DPC/PDPS医療機関別係数Ⅱ群に指定
2013（平成25）年	地域周産期母子医療センターに指定
2014（平成26）年	公営企業法全部適用に経営形態変更
2018（平成30）年	DPC特定病院群に指定

2　地域の状況

　病院企業団を構成する7市の人口は約93万人。そのうちの北多摩北部二次医療圏5市の人口は約73万人と、過疎化が進んでいる地域よりはるかに多い人口を抱えており、今後も微増すると予想されている。その年齢構成を見てみると65歳以上の高齢者が占める割合は25％で、2025年には27％に増加することが見込まれており、これは東京の都心部と比較して1〜2％程度上回っている状況にある（図表1-4-3）。したがって、高齢者の患者に対応することが重要課題であり、特に脳卒中や心不全、心筋梗塞やがんなどの高度・急性期疾患の迅速かつ適切な診断、治療が求められている。

図表1-4-3　北多摩北部医療圏の人口推移

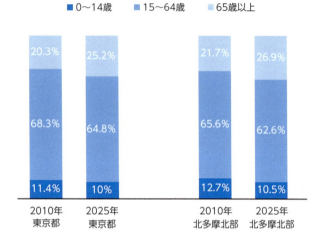

機能強化と連携強化に向けた活動

1　病院機能強化

1．組織体制の整備

　当院に赴任した際に、これまでの歴史と実績や周囲の状況を踏まえ、担うべきミッションは何かと考え、入院を中心とした高度・急性期医療を推進すべきとの結論に達した。そこで、そのためには地域連携が最重要課題であることを院内外に発信することとし、「地域連携の先頭に立って」のスローガンの下に医師、看護師、メディカルスタッフ、事務職員などの各層に対して病院の現状と地域連携の重要性や目指す方向性について、概念図を提示しつつ院長講和として行った（図表1-4-4）。そしてこの内容を具体化し、推進していくために院内の組織体制や業務内容を見直し、変革を行った。

　筆者が当院に赴任した2008年4月は、2006年に始まった病院の

図表1-4-4　公立昭和病院の課題を示した概念図

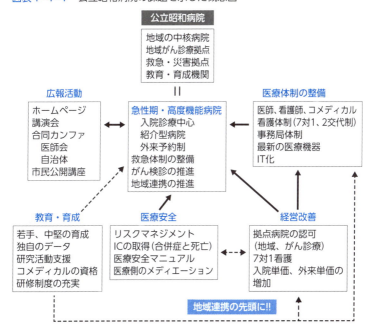

増改築の最中であり、居ながら工事のため部分的に病棟を閉鎖せざるを得ず、入院患者が激減して経営的には苦しく10億円の赤字が予想された。確かに工事による影響も大きかったが、調べてみると各病棟や各診療科の縄張り意識が強いことが入院患者減の一因であることがわかった。そこで病床は各診療科のものではなく病院のものであることを周知し、入退院や診療における不適切なローカルルールを見直すことなどにより、赤字幅を半分程度に圧縮することができた。

しかし、本質的な問題は病院トップの思いが院内の各部署に伝わっていないことであると考え、病院組織を見直すことにした。すなわち、それまでは病院運営における基本的かつ重要な事項を審議、

決定するための病院幹部による運営会議が週1回、病院運営の基本方針、重要事項等を審議する各委員会や部会の責任者による管理会議が月1回、そして各部門、部署の連携を緊密にし、診療内容の充実と業務の円滑な運営を協議、調整するための各部署の代表者による診療会議が月1回開催されていた。さらに朝会と称して院長、看護部長、事務局長による話し合いがほぼ毎朝行われていたが、それらの会議の位置付けが曖昧で、決定機関と執行機関の区別も不明確であった。各部会や委員会において独自ルールを決めているため統一性がなく、決定されたことについても全体への周知が不足していることによる軋轢（あつれき）などが見受けられた。

そこで、病院運営上必要不可欠な業務として、8つの部会（入院、外来、救急、中央診療、医療安全、地域連携、医療情報、教育研究）を設置し、副院長を2名から3名に増員、さらに3名の院長補佐を指名して各部会の責任者にすると共に、看護部長、薬剤部長と事務局長を加えた新たな運営会議を構成して最高議決機関とした。そして各委員会を関連する部会の下にひも付けして議論の流れを明確にした上で、運営会議で決定したことを各部署の責任者（各診療科部長、看護師長、各技師長など）で構成する診療会議で周知し、業務の遂行を促進することとした。

その結果、病院全体として1つの方向へ向かおうという意識が芽生えると共に、各部会や責任者から積極的な意見や提言が出されるようになり、問題点を少しずつ解決することができた。その具体的な例などについては、「2．院内環境の整備」（97ページ）の中で述べることにする。

一方、財務的には増改築工事による病床減を利用し7対1の看護体制の認可を得て、さらに2012年度からDPCII群の認定を受けることができ、経営改善に大きく寄与すると同時に、職員が少しずつではあるが自信と誇りを持つようになった。そして救急病棟への看護師増員、SCUの設置、外科系と内科系病棟にHCUの設置、GCU

の増床、そして2017年度にはMF-ICUの設置など、高度・急性期医療体制の充実に積極的に取り組んでいる。

2．院内環境の整備

　このように、院内の組織体制は改善傾向を示したが、筆者が院長として就任した当時の院内の雰囲気にはまだまだ問題があり、その1つが看護師のモチベーションの低下であった。また、主任や看護師長など管理職へのなり手も少ない状況であった。これにはいくつかの要因が考えられるが、忙しいばかりでやりがいを見出しにくい、管理職になると時間外手当がなくなり給料が減る、その一方で責任を取らされることへの不安や拒否、一生懸命努力してものんびりしている人と待遇が変わらないことへの不満などが考えられた。そこで、前述したように病院の現状、目指すべき方向、医療職としての矜持などについて講話を行うと共に、「看護師は病院の宝です」として病院側の姿勢を伝えることにし、さらに専門看護師、認定看護師などの資格取得へのサポートを強化した。また、看護師側も毎朝、師長クラスが一堂に会し、各部署における問題点の報告と討論を行い、情報を共有すると同時にその日に目指すべきことについての標語を声に出して唱えることで一体感が強くなっていったこともあり、徐々にではあるが管理職への就任の希望者が増えている。

　いずれにしても医療職の基本は奉仕であり、あくまで他人（すなわち患者）のために働くことが基本となっている。したがって、職場環境が悪ければ医療職の満足は得られず、その結果として患者への対応や看護が不十分となり患者の満足を得ることはできない。そこで病院の基本的な考えとして「ES（Employee Satisfaction、職員満足）なくしてPS（Patient Satisfaction、患者満足）なし」を掲げ、いくつかの活動を行っている。もちろん、看護助手やメディカルクラークの増員による各種作業の軽減を図っているが、お互いのコミュニケーションの推進や接遇改善のため、ある航空会社で行

っている活動を取り入れた。具体的には、良いことをしている、感謝されるようなことをしている看護師に対して「Good Job」カードを作成、記入して当人に手渡し、周りで評価する活動である。

　筆者も、院内のICT（感染対策チーム）が病棟や各部署をめぐって感染対策がきちんと行えているか評価を行い、その結果が院内メールで送られてくるので、成績優秀な場合は「Good Job!」と返信を出しており、これも各部署として励みになっているようである。

　もう1つの活動として「玉入れ競争」がある。500床規模の病院では非常勤職員を含めて1,000名以上の職員が働いているため、何となく顔はわかるがその人がどのような仕事に関わっているのか知らない場合が少なくなく、一体感を阻害する要因になりやすいと考え、多職種が参加できるイベントを行うことにした。そこで担当する委員会を立ち上げ検討した結果、院内で行うことができ、時間もかからず多くの人が参加できるという点から「玉入れ競争」が採用

図表1-4-5　SGH（Showa General Hospital）玉入れオリンピック

図表1-4-6　看護に関する感謝・お礼とご意見の割合比較

※投書・手紙・メッセージカードの集計

された。1組約20名で多職種からなる24のチームを結成し、診療業務終了後に2日間にわたってトーナメント形式で競技を行った（図表1-4-5）。450人もの職員が参加し、優勝チームには互助会から豪華賞品が贈られ大いに盛り上がった。これを機会に勝ち負けにこだわらずにチーム内や相手チームとのコミュニケーションの輪が広がり、日常の業務へもプラスの効果が認められている。このようなことが、後日受審した「働きやすい病院評価」や日本医療評価機構による「病院機能評価」で極めて良好な評価につながった。また、入院患者を対象とした患者満足度調査においても、年々評価が高まっており、同時に看護に対する感謝やお礼の投書も増えている（図表1-4-6）。まさに、「ES（Employee Satisfaction、職員満足）なくしてPS（Patient Satisfaction、患者満足）なし」の効果が表れているものと思われる。

2 地域連携強化

1．院内体制の整備

　院外との連携を促進するために、地域医療支援病院の指定がある。前述のように地域連携が重要であるとの認識から紹介率、逆紹介率を上げるための方策が討議され、その1つとして退院時の情報添付加算を利用し、インセンティブとしてその収入の一部を診療科に還元することを行った。その結果、それまでの紹介率、逆紹介率が30～40％程度であったものが徐々に増加し、地域医療支援病院指定の条件をクリアして現在では紹介率75％、逆紹介率115％となっている（図表1-4-7）。また、単に紹介状持参の患者の受付に過ぎなかった地域連携室の業務を見直し、医療ソーシャルワーカー（MSW）や事務職の増員、看護師の配置や専用電話の設置などを行った。地域連携室は現在、積極的に院外組織との交流を推進しており、隣接県の埼玉県や山梨県の療養型の施設とも連携している。

図表1-4-7　紹介率・逆紹介率の推移

2．院外との連携推進

① 医師会との連携

　まずは医師会とのコミュニケーションが重要と考え現状について調査することにし、あるコンサルティングファームによる外部からの調査・評価を行った。その決して安くはない調査費用の捻出に当たっては工夫と1つの幸運があった。それまでは高額医療機器の購入に当たっては事務方が医師側の希望に忖度し、競争入札ではなく随意契約によるものがほとんどであった。業者によれば、当院では言い値で購入してくれるとの評判が立っていたようである。実際、売値の97％の率で購入していたことに唖然とした。そこで基本的な機能を重視し、「ベンツは不要、カローラで十分」と言って購入の考え方を改め、競争入札を積極的に取り入れた。その結果、不要なオプションを削り1年だけ旧式であるが十分な機能を有する検査機器に決定することにより予定価格の半分以下で購入することができ、その余剰金を調査に充てることができたのである。

　外部調査の結果によると、入院稼働率90％、在院日数15日、外来患者数1日1,500人以上と多忙な中で一生懸命頑張っているという職員の思いとは異なり、患者は待たされる、紹介しても診療所に戻ってこない、返事もこない、開業医が電話をしてもたらい回しにされて結局つながらないなど、極めて厳しい評価になった。この結果に対して不満を通り越して怒り出す医師もおり、多くの職員が戸惑いを感じることになった。

　そこで、各医師会との懇親会を開催し、直に当院の医師への批判や要望をぶつけてもらい、顔の見える関係の構築を図った。さらに開業医からの問い合わせについては新たに専用電話を設置し、必ず医師が対応すること、もし手術や処置で手が離せない場合は看護師が間に入って確実に情報が伝わるようにし、可及的速やかに返事をすることとした。また、連携医師としての登録を各医師会を通じて行い、現在では300を超える登録を得ている。

第4章　医療圏内の連携による地域ヘルスケア基盤の構築　　**101**

図表1-4-8　公立昭和病院の書籍

　また、各医師会との交流を深めるために病院企業団構成7市の医師会と当院との連絡協議会を年2回開催すると同時に、病院の書籍（図表1-4-8）を作成し登録医をはじめ近隣の医療関係者に無料配布し、当院の体制や診療内容を紹介するなど良好な関係の構築に努めている。

② 地域内病院との連携

　地域連携の推進、地域医療構想の推進を適切に展開するためには地域の病院との密な連携が必要となることから、さまざまな会議を開催している（図表1-4-9）。その中で、重要な会議の1つが、北多摩北部二次医療圏内の42の病院に5市の医師会を加えた「北多摩北部病病連携会議」であり、お互いに顔の見える連携を深化すべく努力している。

　この会議は、東京都からの委託による脳卒中や糖尿病の地域連携

図表1-4-9　連携に関連する会議の開催

・北多摩北部病病連携会議（年2回）
・公立昭和病院8市医師会連絡協議会（年2回）
・東京ルール地域救急会議（年2回）
・アライアンスの会（年1回）
・臨床研究発表会（年2回）
・各市市議会議員に対する病院事業説明会と院内視察（適宜）
・がん診療連携パス（胃がん、大腸がん、乳がん）
・各診療科による地域のカンファレンス

事業を担当するために設置された「北多摩北部医療圏医療機能連携協議会」がルーツであるが、その担当事務局は各医師会の持ち回りであり、金銭面も含めて業務が煩雑であることから解散の危機に陥った。しかし、その基本的な意義については今後極めて重要であるとの認識から、当院が事務局を担当することを決断し、医師会主導ではなく病院側主導の会議として2013年4月からスタートした。

　活動としては、年2回の会議（幹事会と総会）で医療情勢に関する情報交換や討議を行い、時宜に応じた外部識者による特別講演を開催している。また下部組織として実際に連携に携わっている連携職の活動をサポートしており、さらに2018年度からは地域における感染症対策の均てん化、特に薬剤耐性菌対策を目的とした委員会と、高齢者や患者の栄養管理の均てん化を目的とした委員会を立ち上げることになった。今後は、急性期病院の看護師と回復期・慢性期病院の看護師との看護技術や教育などに関する交流事業のサポートも考えており、病院間の情報交換や共通認識の構築と推進を図りたいと考えている。

③　精神科病院との連携

　救急で受け入れ困難症例に対する対策として東京都が主導で行っている事業として「東京ルール」がある。これは救急車が現場に到着後20分以内、あるいは5つの病院に依頼しても患者の受け入れ

先が決まらない場合は、二次医療圏内で地域救急センターに指定された二次救急病院が初療し、その後の処置や対応を決めるというものである。この問題について議論するために、年2回ほど圏域内の救急告示病院が集まる地域救急会議が開催されている。この受け入れ困難者の多くは高齢者や外傷・骨折の患者であるが、大きな問題となるのが認知症や自殺企図などを有する精神疾患患者の診療である。特に当院を含めて二次救急病院の多くは精神科がなく、そのような病院にとっては精神疾患患者への対応に苦慮することが少なくなかった。しかし、当該地域においては他の二次医療圏の場合と異なり、地域救急会議に地域の精神科病院が積極的に参加し議論を深めており、顔の見える関係が出来上がってきている。その結果、東京ルールの患者のみならず通常の場合でも、身体合併症の治療が終われば直ちに精神科病院が該当する患者を受け入れ、スムーズな入退院、転院が行われるようになったことは特筆すべきことであり、1つのモデルケースとして東京都も注目している。当院ではこの実績を基に、2018年度における総合入院体制加算2の獲得に向けて精神科リエゾンチームの立ち上げを予定している。

現在の課題とこれから

1 病院機能の強化

　以上のように「連携」をキーワードに院内、院外に対してさまざまな努力を行った結果、経常収支は好転化し全国自治体病院協議会から優良病院として表彰された。2016年度に受審した病院機能評価ではS評価は2項目であったもののB項目は1つで、残りの87項目はA評価という高い評価を獲得することができた。

　しかしながら、2016年度診療報酬改定による影響、特に7対1看護体制に関する重症度・看護必要度の改定により圏域内の二次救

図表1-4-10 公立昭和病院の方向性を示した概念図

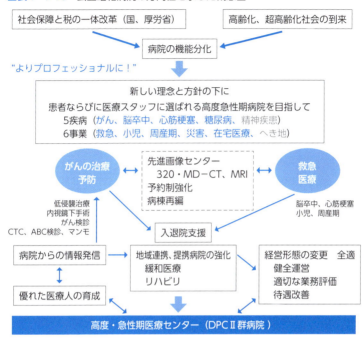

急病院が救急患者受け入れを積極的に行ったことの影響もあり、当院への救急患者数が年間で1,000件以上、救急車数が500台以上減少し、その結果、わずかながら経常収支は赤字を計上することになった。また、2017年度においては、救急患者数、救急車数はやや回復傾向にあるものの、高額な医療機器や分子標的薬など新規薬剤の急激な増加や人件費の上昇があり、厳しい経営を強いられている。

　一方、地域医療構想の推進、病院の機能分化の明確化がより進行することにより、高齢者の誤嚥性肺炎や抗生剤投与による保存的治療が優先されつつある急性虫垂炎などの比較的軽度〜中等度の症例は、高度・急性期を担う当院ではなく一般急性期や地域包括ケア病

床を有する病院への入院が増加することが予想される。したがって、病院名の前に「高度・急性期医療センター」の通称を加え病院として担うべき機能をより明確にした当院としては、安定的な経営を持続させるためには場合によっては病床数を減らすことを視野に入れると同時に、医療の質を高めブランド力を付けることが必要となる。そこで、病院の歩むべき方向について概念図を示し、職員の意識の統一を図っている（図表1-4-10）。すなわち、がんに対する取り組みと脳血管、心血管障害などの救急疾患に対する取り組みを重要な課題と位置付けている。

2　質の高い医療への取り組み

1．低侵襲医療の促進

　がんにしても脳血管、心血管障害にしてもその対象の中心となるのは高齢者であり、より低侵襲な検査や治療が求められている。そこで最新の320列CTやバイプレーンの血管造影装置を導入し、低被ばく下に短時間で正確な脳血管像や心血管像を撮影し迅速な診断と治療を行い、さらには血管内治療やステント治療の推進に努めている。そして、がんや腫瘍性病変に対しては積極的に内視鏡的切除、あるいは腹腔鏡下、胸腔鏡下手術を行い、術後のQOL向上と在院日数の短縮化を図っている。また、手術症例を中心に診療報酬でも大きく査定されている、周術期のリハビリに重点を置き、転落・転倒予防と早期退院の促進に努めている。このように侵襲性の低い検査や治療、そして手術症例の確保、増加、診療密度の高度化、在院日数の短縮などは経営上大きな課題となっている。

2．医療安全の促進

　経営に直接的に寄与するわけではないが、医療安全の推進は極めて重要なことである。当院では副院長をトップとした医療安全部会を設置し、医療安全管理者の資格を持つ看護師とベテランの薬剤師、

図表1-4-11　医療安全マニュアル

それに事務職を加えて日々の医療安全対策を講じており、医療安全マニュアルを作成して全職員に配布している。その表紙の図案は、多職種の協力によって医療安全に取り組むことの重要性を示している（図表1-4-11）。

さらに重点的に行っているのが、最近話題に取り上げられている病理診断結果の見逃し、CT所見の見逃し、そして病棟における転倒・転落防止対策である。病理に関しては、電子カルテ上で病理結果確認の有無を表示し、未確認の場合は依頼医師に直接連絡するシステムになっている。CT検査結果についても電子カルテ上で所見の確認ボタンを設置して未確認がないようにすると同時に、放射線科医の読影結果で、主な検査目的以外の部位にがんの疑いなど重要な所見が認められた場合には、報告書内に印を付けて注意喚起を行うなど二重チェックシステムを導入している。

その結果、この10年間で大きな医療事故や多額な支出を有した事案は経験していない。また、病棟ごとに異なっていた与薬のチェックシステムを統一化し、独自の与薬システムを開発することで誤薬配布の防止と看護師の業務負担の軽減を図っている。

一方、入院患者の高齢化に伴い病棟における転倒・転落が増加しつつあり、それに伴う在院日数の延長は経営上も問題となる。そこでADL維持向上等体制加算の新設を機に試験的に外科系病棟への理学療法士の常駐を行い、転倒・転落のリスクの評価と介入を行ったところ、明らかに以前より転倒・転落は減少し、ADL向上、褥瘡の減少、そして早期退院の成果が得られた。現在は対象病棟を増加させつつある。

いずれにしても、医療安全に関してはやるべきことをしっかりと行っていれば、たとえ医療事故が生じても病院側は職員を守るという立場を明確にすることができ、それが結果的には医療事故の防止につながると考えている。

3．チーム医療の推進

診療科単位ではなく多職種による横断的なチーム医療は極めて大切であり、多くの病院において行われている。当院でもICT（Infection Control Team）、NST（Nutrition Support Team）、RST（Respiratory Support Team）、口腔ケアチーム、褥瘡対策チーム、緩和ケアチームなどが活発に活動し、症状の重篤化の抑制や在院日数の短縮に貢献している。特にこれらの中で経営的に大きく貢献してきたのがICTである。専任の医師、看護師を中心に薬剤師、臨床検査技師、そしてリンクナースで構成され、抗菌剤、抗真菌剤の適正使用の推進により数千万円の薬剤費削減を達成している。さらに、院内感染症のアウトブレイクに対しても適切かつ迅速に対応し、医療安全の面でも貢献している。

もう1つ重要な協働作業としては入退院支援がある。当院への入

院患者の約半数が緊急入院であるが、予定入院の患者については入院・持参薬センターを設置し入院案内と同時に抗凝固剤、抗血栓剤などの取り扱いに注意すべき薬剤についてチェックを行い、病棟での看護師の業務負担軽減に寄与している。さらに高齢者の入院患者の増加を見据え、退院支援に向けて介護保険資格の有無や書類の有無についても入院時にチェックを行っている。また、緊急入院患者についても退院に向けて早期にアセスメントを行い、担当医、看護師、MSW、理学療法士などが加わって退院カンファレンスを開催し、早期退院、転院へのサポートを行っており、これらの地道な努力が在院日数減少と経営改善へと結び付いている。

地域の医療にとって重要なもの

1　意識改革

　医療・介護の基本はひと（他人、すなわち患者）のために尽くすことにあり、それを担うのは機械ではなくひとであることに難しさも生じてくる。そこで医療のレベルを保証するために各種の国家資格が設けられ、その試験に合格した場合は各領域でのプロとして認定されプライドを持って業務に当たることになる。しかし、時には専門化された領域内にとどまり他領域とのコミュニケーションに欠けたり、資格があるゆえに病院への帰属意識が薄くなり、求められている協働作業やチームワークに齟齬をきたす場合もある。

　大切なのは、病院における多彩な領域の職員の意識を尊重しつつ1つの方向に向け、協力体制を築くことであると考える。そこで、これまで述べてきたように病院を取り巻く状況、そして目指すべき方向性について機会があるごとに直接的に話しかける努力をしてきた。その際に職員全体、特にラインの職員に病院側の思いを浸透させることはなかなか難しいことなので、まずは中間管理職を主な対

図表 1-4-12　医療にとって必要な 3 つのEBM

◆Evidence Based Medicine
　・治療成績などの根拠に基づいた医療
◆Etiquette Based Medicine
　・マナー
　・協調性
　・知識、技術
　・医療安全意識
　・経営改善への努力
◆Evidence Based Management
　・データ分析など根拠に基づいた経営

象として講話を行い、そこを通じてラインへの浸透を図っている（図表 1-4-12）。さらに、当院はさまざまな指定や認定を得ていることから、それに伴う医療安全講習会、感染対策講習会、接遇講習会などの講習会を開催して職員全員の参加を義務付け、欠席者についてはEラーニングなどを実施し意識の統一を図っている。また、年 2 回、ベストスタッフ賞を設け、領域ごとに優秀な職員を表彰しモチベーションの向上に努めている。

　このような努力の結果、2018年度以降においても従来のDPC II 群に相当するDPC特定病院群の認定を受けることができた。いずれにしても、このように病院として意思を統一し目指すべき方向への共通意識を持ちながら確固たる立場を堅持しなければ、地域連携の先頭に立つことはできないと考えている。

2　信頼構築

　地域医療構想や地域包括ケアシステムが目指すところは、病院の機能分化の推進と地域のコミュニティの構築や再生により、きたるべき超高齢社会に備えることにある。特に当院としては北多摩北部二次医療圏内では唯一の高度救命センターを標榜し500床以上の病床を有することから、地域医療構想の推進に大きな責任を有してい

ると考えている。そこで、北多摩北部病病連携会議などを通じて、高度・急性期医療に特化し、場合によっては病院完結型医療になる可能性のある地域包括ケア病床（棟）を保持しないことを明言し、地域内の病院の理解と信頼の構築に努めている。

また、診療所とのより緊密な関係構築に向けて2018年度からICTを用いた患者情報システムの稼働を予定している。これには診療所のみならず患者からの理解と信頼を得なければスムーズで効果的な運用は困難となる。最終的には病院同士の患者情報交換を含めたシステムの構築が理想であり、そのためにもお互いの信頼関係の構築が求められるが、解決すべき課題がまだまだ山積しているのが現状である。

おわりに

以上、当院に赴任して丸10年を経過したところで、これまでの病院の運営について振り返りながら述べてきた。大学に長く在籍し病院経営に関してはまったくの素人と言ってよい自分が、なんとか当院の発展に寄与できたことにはいくつかの幸運があったと思っている。すなわち、大学定年前に3年ほど病院執行部の外来診療運営部会の部会長を務め、経営という面から病院を見るという経験ができたこと、病院が増改築によって新しくなったこと、民間病院で副院長を務めた経験を持つ病院経営の知識豊富な医師がいたこと、さまざまな分野で潜在的な能力を有する職員が多くいたこと、さらに筆者は卒後2年目から3年半当院に勤務しその後も非常勤で外来勤務をしていたことから多くの職員と面識があり、比較的スムーズに職員とのコミュニケーションが取れたこと、などが考えられる。

改めて心から職員の理解と協力に感謝すると共に、今後も病院の理念である「一人ひとりの命と健康を守り、医療の質の向上に努め、熱意と誇りを持って地域社会に貢献することを目指す」の下、患者

と職員に選ばれる日本一の自治体病院を目標に、職員一丸となって努力を傾注したいと思っている。

◆上西紀夫（かみにし・みちお）略歴
1974年、東京大学医学部医学科卒業。東京大学医学部第3外科助手、講師、助教授を経て、1997年、東京大学大学院消化管外科学・代謝栄養内分泌外科学教授、東京大学医学部附属病院胃・食道外科、乳腺・内分泌外科教授。東京大学医学部附属病院執行部外来診療部会長、東京大学医学部附属病院外科部門長を経て、2008年、公立昭和病院院長に就任。同年、東京大学名誉教授（消化管外科学）。2014年8月より現職。

第2部

地域ヘルスケア基盤
実現のための手法

第**1**章

地域医療福祉情報連携ネットワーク

公益社団法人地域医療振興協会市立大村市民病院麻酔科
特定非営利活動法人長崎地域医療連携ネットワークシステム協議会 専務理事
一般社団法人福島県医療福祉情報ネットワーク協議会 事務局アドバイザー

柴田 真吾

医療現場におけるICTの利活用に向けて

近年の病院経営における情報通信技術（ICT：Information and Communication Technology）は、治療機器をはじめ、業務支援システムにも必要不可欠なものとなっている。変動する人口構成や疾病構造、病院・病床機能などは地域によって状況が異なるため、よりきめ細かい対応が求められる。

また、時代と共に移り変わっていく医療福祉制度の中で、病院経営を継続していくには、病院単独の機能や役割を明確にするだけでは不十分であり、制度やサービスの垣根を越えた相互連携と役割分担を理解することが欠かせない。そして、高度化する先端医療や救急医療における広域連携、ビッグデータの利活用等にも、医療福祉分野におけるICT化は、最重要なものとして位置付けられている。

1 ネットワークを通じた情報共有

日本における医療機関のICT化の歴史は、1970年代に始まり、その後さまざまな政策によって推進されてきた。中でも医事会計システムや画像情報システム、オーダエントリーシステムなどの病院情報システムについては、1999年から診療録の電子保存が可能となり、その後、厚生労働省が行った電子カルテ補助事業等によって本

図表2-1-1 ICTによる情報共有の広がり

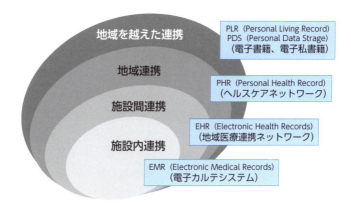

格的な電子カルテの普及が始まった。近年では医療におけるICT利活用がクローズアップされ、EHR（Electronic Health Records：地域医療連携ネットワーク）、PHR（Personal Health Record：ヘルスケアネットワーク）、PDS（Personal Data Strage：電子私書箱）、地域医療連携、どこでもMy病院、どこでもMyカルテなど、さまざまな利用形態が提唱されるまでになっている。

医療機関の中で発展してきた病院情報システムによって、それまで紙でやりとりされていた各部門への依頼書や、依頼を受けた部門からの結果報告を電子化することで、多職種が、どこでも、迅速に、情報を確認できるようになった。このように情報がデジタル化され、ネットワークを通じたやりとりが可能になったことで、医療機関内部にとどまらず外部とも情報共有ができるようになった。これが、遠隔医療の実現やオンライン電子レセプト請求などへと発展し、一部では地理的な場所が異なる同一法人機関間でも、ネットワークを通じた情報共有が広がっている（図表2-1-1）。

2　地域医療福祉情報連携ネットワークの構築

2000年代に入ると、電子カルテの可能性を広げ、普及を促進するための施策として、電子カルテ共有の実証事業などが行われた。このような医療情報流通基盤の整備が進められ、さまざまな実証事業を経て、2011年頃から始まった地域医療再生基金によって、ネットワークの構築、そして運営の開始が一気に加速されることとなった（図表2-1-2）。

地域医療再生基金の一部が投入されたことで、全国各地で地域医療福祉情報連携ネットワークを構築するための取り組みが開始され、各地域に重要となる医療情報連携の基盤が整備されていった（図表2-1-3）。

これ以降、関係各省庁による取り組みも加速し、より高度な情報連携の技術基盤検討や多くの有益な実証的取り組みによって、地域医療福祉情報連携ネットワークは福祉分野や個人分野における医療情報を共有することの価値認識を広げた。

図表2-1-2　地域医療福祉情報連携ネットワーク数の推移

図表2-1-3　地域医療介護総合確保基金（医療分）の交付状況

	2014年度	2015年度	2016年度
地域医療構想の達成に向けた 医療機関の施設または設備の整備	174億円	454億円	458億円
居宅等における医療の提供	206億円	65億円	47億円
医療従事者の確保	524億円	385億円	399億円
合計	904億円	904億円	904億円

　しかし、地域医療福祉情報連携ネットワークが普及発展し、構築されてからの時間が経過するにつれて、それまで一部の識者だけが理解していた地域医療福祉情報連携ネットワーク構築のための知識や技術基盤の理解、維持運営するための本質的な課題、制度面での準備不足などが次第に浮き彫りになってきているのが現状である。

3　情報のデジタル化によるメリットとリスク

　本章にて情報通信技術（以下、ICT）を用いた医療福祉情報連携についてより深く語るには「情報」という言葉自体の定義と、その存在目的、価値についても論じなければならない。

　ここではまず、ネットワークを通じてやりとりされている情報のうち、医療福祉関連機関間において業務上必要となるもの（個人の基本情報、処方データ、検査データ、画像データ等）を「情報」と定義してみるとしよう。

　前述のように、各々の医療福祉関係機関内で始まった「情報のデジタル化＝ICT化」によって、これまでとは違った情報の流通や蓄積がなされるようになると、そこに当然新しい価値が生まれるのと同時に、新たなリスクも生まれる。すなわち、物理的な存在であった情報が記載された「紙」と、デジタルな存在として電磁的に記録されている「データ」との差異である。

　デジタル化したデータの価値については多くの論説があり、ここ

で詳しく述べることは避けるが、「物理的な存在でない」こと自体がメリットでありリスクでもある。2011年3月11日に発生した東日本大震災では、沿岸部の多くの医療機関等では紙のカルテや電子カルテの情報を保存していたサーバーが被害を受けて使用不能に陥った。たとえ機器類が無事であっても、電力供給が途絶えていたため使用不能な状況であることに変わりはなかった。さらに沿岸部の施設から患者を受け入れた施設や避難所、仮設の診療場所では、病歴や処方歴などの情報がわからないまま診察することを余儀なくされる事態に陥ったのである。

このような経験から、改めて診療情報の電子化や外部保存の重要性が認識されるようになり、カルテや調剤、介護といった医療情報を電子化し、耐震設備が施された遠隔地のデータセンターにおいて一元的に蓄積する「クラウド」と呼ばれる仕組みで保管するバックアップを兼ねた電子カルテの利用形態が注目を集めることになった。

クラウド化が進めば、災害時以外にも、病院と介護施設が連携して医療に当たるなどの取り組みが容易になる。在宅医療の場でも、医師らが持参したタブレット端末やパソコンからアクセスし、カルテなどを見られるようになり、より正確な診察が可能になるものと期待されている。このような業務継続に貢献する事例がメリットとして挙げられ、地域医療福祉情報連携ネットワークにおける情報共有のメリットもまた同様である。

しかし、何らかのトラブルが発生した際には、そうしたメリットの享受が不能となり、業務継続性に問題が起きる。また平時においても、病院で利用される電子カルテなどのICTに何らかの障害が起きた場合に感じる使用不能時のもどかしさは、紙カルテの時代には存在しなかったものである。

一方で個人情報を取り扱われる個人の視点からすると、自分が置かれている状況や立場、タイミングによって、情報の電磁的保存の持つ「機密性」「完全性」「可用性」のバランスが変化するものと思

図表2-1-4　医療情報の基本的要素

医療機関に用がない時
　→機密性だけを最優先に求める…

異なる医療機関で受診する時
　→可用性に加え、完全性を追求し、
　　時には機密性を深く追求される…

大規模災害時
　→可用性が最高に求められることになる…

時と場合、立場や置かれている状況によって
バランスが変わる…

われる（図表2-1-4）。

　医療福祉に関わることのない情況下では、厳重に保管してもらいたい個人情報であったとしても、大規模災害時には、厳重な保管要件がアクセス権などの邪魔をしないように望むのではないだろうか。また、希少疾患などに罹患した場合、本来は他人の情報である同様な疾患の詳細情報を参考にして、自身の治療を行ってもらいたいと思うのではないだろうか。

　以上のように、取り扱われる「情報」の価値とリスクは、時と場合、立場によってそのバランスを変化させる。このように複雑な取り扱いが求められる情報をネットワーク上で「共有・蓄積・利用」することで新しい価値を創造し、次世代に伝えていくには、医療福祉の情報基盤の構築が必要である。基盤となる広域医療福祉情報連携ネットワークを成立させるためには、医療福祉関連機関の者だけではなく、本来の情報の発生源である個人の積極的な参加が必要である。個人が管理する生活情報やその他多くの専門的ではない情報も含めた個人の「情報」の蓄積が求められる（図2-1-1におけるPDS〔電子私書箱〕）。

地域医療福祉情報連携ネットワークの現状と課題

　「地域医療福祉情報連携ネットワーク」という言葉には、利用するネットワークやシステム自体を指す場合と、それらを運用する団体や組織を指す場合の2つの意味がある。

① ネットワークやシステム

　地域医療福祉情報連携ネットワークを構成する回線や暗号化通信、各種セキュリティー技術やサービス、サーバー群等を総称して「地域連携ネットワーク」（もしくは「地域連携システム」）と呼ぶ場合が多いが、個々のシステムやサーバーのことを「地域連携システム」（もしくは「地域連携サービス」）と呼ぶ場合もあり、現時点では明確な定義はなされていない。しかし、二次医療圏域を越えない地域を限定した取り組みであれば問題とはならないが、圏域や実施主体を越えた情報連携が当たり前のようになされる場合に、現状のようなあいまいな定義のままでは相互運用性の調整もままならない。そこで本稿では、地域連携ネットワークを技術的側面からではなく、利用者サービスの側面から整理してみたい（図表2-1-5）。

　まず回線は、現在、光ファイバーやモバイル回線、衛星回線などのネットワーク通信を行うために必要な通信網が全国共通の基盤部分を構成しており、実にさまざまな選択肢が存在している。一般家庭で利用可能なものからデータセンター間を結ぶための大容量回線まで、多種多様な回線が存在する。この部分は、セキュリティポリシーや通信量・通信料金によって選択されることが多い。

　次に重要なのが、セキュリティー技術の選択である。回線において物理的に独立した専用線・専用回線を選択しない場合は、ルータなどのネットワーク機器間での暗号化通信を行うことになる。特に重要なプライバシー情報を含む医療情報をネットワーク上でやりとりする場合には、各種ガイドラインやガイダンスに従ってセキュリティーを担保することが求められる。このような安全な通信環境基

図表2-1-5 利用者サービスの視点から見た
地域医療福祉情報連携ネットワークシステムの全体像

住民参加型医療機関受診支援システム	コミュニケーション支援システム	周産学童期見守りシステム	各種会議支援システム	医療・介護在宅見守りシステム	地域連携システム
電子お薬手帳	ASP調剤履歴システム	ASPレセプトシステム	ASPカルテシステム	検査データ連携(SS-MIX2)	分析・治験システム
日常生活圏共通基盤サービス					
医療圏共通基盤サービス					
県下共通基盤サービス					
全国共通基盤サービスA'					
全国共通基盤サービスA					

盤が整ってから、ようやく実際の情報連携が実行可能となる。

　共通基盤上で動く各種システムやサービスの選択において今後重要になってくるのは、「システムやサーバーの所有権の所在」である。これは企業が所有・提供するサービスなのか、実施主体が維持・管理する所有物なのか、といった論点である。

　数年後、地域医療福祉情報連携ネットワークが全国的に普及し、相互運用性が確保され、特別な存在ではなくなる時代には、地域医療福祉情報連携ネットワーク上で関連企業から提供される「パブリッククラウドサービス」を選択肢に検討を進めていくべきである。

② 運用する団体や組織

　地域医療福祉情報連携ネットワークを「企画・構築・管理・運営・保守・更新」を行う実施主体である団体や組織は多岐にわたる。病院や医師会をはじめ、一般社団法人、一般財団法人、NPO法人、地方自治体等の行政機関、そして一般企業やその他任意団体などが一般的である。

　前述のように、広域に医療福祉の情報共有を行うと、必然的に一部に診療情報（場合によっては要配慮個人情報）を含む場合がある。

地域医療福祉情報連携ネットワークの実施主体である団体や組織は
こうした機微情報を取り扱い、地域によっては外部蓄積を行ってい
る。

　このように医療福祉情報連携システム自体の構築や運用に関わる
ノウハウ・技術は蓄積されてきたが、実施主体である団体や組織を
いつどのように設立し、維持していくのかといったノウハウは未蓄
積の状態である。

　また、本来であれば医療福祉政策の一部として機能するべき医療
福祉情報連携基盤であるが、同じ県内にカバーする圏域や領域が違
う複数の実施主体が存在する場合も多く、実施主体間の調整や予算
措置が困難な県もあるなど、課題は山積されている。

　こうした実施主体の位置付けや継続・維持の課題が浮き彫りにな
ってくると共に、共通基盤上で動く各種システムの運用やデータの
蓄積において今後もっとも重要になってくるのは、「蓄積される情報
の善管注意義務の所在」である。つまり、情報の取り扱いと蓄積の
法的責任の所在や責任分界点の問題である。医療機関において発生
する診療情報を例にすると、法的に善管注意義務を負っているのは、
発生源である当該医療機関であることは明らかである。しかし、複
数の医療機関が協働で情報を外部保存する場合は、その限りではな
いと思われる。まったく同じシステムに同一の項目を蓄積している
場合に、ある医療機関が「外部バックアップ」と認識しているシス
テムに対して、同じ地域の別の医療機関は実施主体に対して「外部
提供」と定義している場合が、そうした事例に当てはまる。

　つまり、まったく同じ団体において、まったく同じ仕組みを利用

＊地域医療福祉情報連携ネットワークの現状と課題について参考になる情報は、厚生労
　働省が監修して設置されたWebサイト「医療情報連携ネットワーク支援Navi」
　http://renkei-support.mhlw.go.jp/、日本医師会総合政策研究機構が2012年より
　行っている調査に基づくワーキングペーパー「ICTを利用した全国地域医療連携の概
　況」（2016年度版）に詳しい。

して活動しているにもかかわらず、その責任分界点の整理がまったく変わってくるのである。今後、地域医療福祉情報連携ネットワークを運営する実施主体の団体や組織は、多様化する機能ごとの責任分界点を明確にし、責任ある「管理・運営・維持・更新」を行っていく必要があるだろう。

地域医療福祉情報連携ネットワークの事例

事例を挙げるにあたっては、本来であれば日医ワーキングペーパーなどの本格的な調査による偏りのない事例提示が必要とされるところである。しかし、筆者は長年にわたって長崎県において広域医療福祉情報連携ネットワークの運営に携わっており、近年では他県（福島県）の広域ネットワーク構築のアドバイザーを務め、さらに2015年から2016年にかけて行われた地域医療福祉情報連携協議会（RHW）の調査事業にも参加する機会に恵まれた。そうしたこともあって、今回は自らの実体験に基づく例示をさせていただく。

1 天かける（広島県尾道地区）

広島県尾道地区は、明治の時代より医療関係者、特に病院の勤務医と医師会員を中心とした開業医との人的ネットワークが強く、多くの参加者を得た会合や懇親会等を継続的に行っている。国の補助金を得て地域医療福祉情報連携ネットワークを構築し、その運営活用を開始し、近年は地域包括ケアシステムの構想に従って、介護施設を含めた情報連携を推進している。現在の実施主体は、NPO法人「天かける」がその運営・維持を担っている(http://amakakeru.jp/index.html)。

「尾道方式」と呼ばれる退院時の多職種カンファレンスに代表される、患者に関する全関係者による情報共有にICTを利活用するモデルケースは全国的に知られる。

図表2-1-6　天かけるのイメージ図

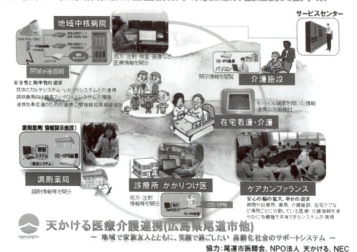

出所：天かけるホームページ

　ICT導入以前から存在した人的ネットワークをさらに効率よく運営するために、地域医療福祉情報連携ネットワークをツールとして利用している。全診療所87のうち44診療所が参加し、介護施設においては地域の70％が加入しており、医師会ベースの加入状況は良好である。

　大規模なシステム構築ありきの取り組みとならないように留意し、余計なものは作り込まず、必要な部分のみ時間をかけてシステム化し発展させてきたこともあって、機能の利用率が高く、利用者の評価も高い。また、診療所等において電子カルテの導入を必須とはせず、電子カルテを持たない医療機関においての利活用を推進するために業務を部分的にデジタル化する考え方で構築されている（図表2-1-6）

運営そのものは医師会が中心となって行っており、介護施設も医師会員が経営しているところが参加している。医師会中心の運営であるため、会員の参加率が高く、まとまりがよいのが特徴である。また、医師以外の他職種・多職種に関しては、医師のみでなく全員参加の研修会が頻繁に開催され、中でもケアカンファレンスを中心に、医師がメディカルスタッフのスキル向上を支えている。このようなヒューマンネットワークをベースとした尾道方式が形成された上に、ICT情報連携ネットワークシステムが機能している。

課題としては、歯科・薬局の参加が少ない点や、地域包括ケアシステムを考える際に地域全体をカバーする窓口、つまり病院における地域医療連携室に当たる窓口がないことが挙げられる。

医療・介護情報連携への具体的対応として「ビロードケア」というものを介護側システムとして連携運営している。

2016年度の診療報酬改定以降に算定可能となったICT加算対応として、全診療所に対して説明会を行い、加算取得のための申請を会員の全診療所が提出済である。計画段階の試算によれば、当該地域で発生する年間2,760万円程度の加算が見込まれ、このうち50%を協議会収入に充てる計画であり、これを原資としてシステム更新時の費用とすることで運営継続性を担保する計画を見込んでいる。

さらに将来の計画として救急・健診・介護分野でのネットワーク化を目指しており、それぞれの分野での課題整理や必要な機能の絞り込みを行っている。このように医療分野でのICT化はある程度の方向性が見えているものの、回復期や介護・在宅分野のICT化が大きな課題であると認識している。特にリハビリ、栄養、介護から医療への連携情報がこれまでの病院や医療を中心とした取り組みでは不十分であり、現在のところ連携していない点が課題の1つとして挙げられる。

天かけるは、医療情報連携を中心に医師会活動の延長線上で長年にわたって構築されてきたヒューマンネットワークを補完する形で

第1章　地域医療福祉情報連携ネットワーク　　125

徐々にICTが導入されてきたところに、その特徴がある。また、立ち上げの時期や地政学的な地域特性、機能の絞り込み、財務面での将来計画など、他の地域においても大いに参考となるノウハウの蓄積がある。

2 あじさいネット（長崎県全域および佐賀県の一部)

「あじさいネット」は、筆者が長年関わってきた長崎県における広域医療福祉情報連携ネットワークであり、NPO法人長崎地域医療連携ネットワークシステム協議会が運営している。

あじさいネット運営組織は、2003年に現在の国立病院機構長崎医療センターを中心に大村市医師会と市立大村市民病院の三者によって任意団体「長崎地域医療連携ネットワーク協議会」として立ち上げられた。約1年の活動の後に、NPO法人化され現在に至っている（図表2-1-7、図表2-1-8）。

あじさいネットは長崎県県央地域（大村市、諫早市）に始まり、その後、長崎県下の各地域に展開されて、県全域で運用されるシステムに発展した医療情報（電子カルテ）を中心とした地域医療福祉情報連携ネットワークである。

2004年の開設当初は、診療所側の電子カルテの導入を必須とはせず、長崎医療センターの地域連携システム（HOPE地域連携）を使って電子化された診療情報をかかりつけ医が利活用することで、県央地域全体の医療の質向上を目的として運用を開始した。

2007年に、当時の市立大村市民病院に導入された地域連携システム（ID-LINK）が稼動し、地域医療福祉情報連携ネットワークのマルチベンダー構築が始まった。2009年から2010年にかけて、運用開始当初から利用していた暗号化通信網であるVPNネットワーク機器の老朽化や展開範囲の広域化、保守体制の強化を目的に、独自構築の暗号化通信網を企業が提供するサービスへと移行した。その後、長崎地域（長崎市医師会、長崎大学病院）からも参画があり、

図表2-1-7 あじさいネット10年間の軌跡

これにより本格的な広域展開がなされた。以降、地域医療再生基金を活用し、強固なセキュリティー基盤上に機能強化を展開していった（図表2-1-7）。

現在の会員数は1,172名、その内訳は情報提供病院34病院、閲覧可能施設326施設（うち薬局95）、延べ同意取得患者数74,153人となっている（2018年1月現在）。

あじさいネットの構築開始時点では、旧個人情報保護法も施行されておらず、各種ガイドラインも存在しなかったため、過去の実証事業や補助事業などを参考に、慎重に協議を重ねた。地域関係者の合意形成をすることを前提に、見解や考え方を整理しながら議論を尽くした。

前述のように、運営主体はNPO法人で、機能強化プロジェクトは長崎県医師会が執り行っている。今後の課題としては、構築されている各種機能の利用率向上とシステム更新にかかる費用問題、一部の機能（検査データの蓄積）における実施主体の法的責任分界点の整理とシステム更新費用の確保、NPO法人による運営自体の独

立性確保などが挙げられる。

3　キビタン健康ネット（福島県全域）

キビタン健康ネットは、2014年から2015年にかけて総務省の東北地域医療情報連携基盤構築事業の一貫として、福島県全県展開を前提に構築された広域医療福祉情報連携ネットワークである。

積極的にクラウドサービスを利用することを計画に取り入れ、前例で課題となったシステム更新費用の問題にも取り組んでいる事例である。

構築された時期がまだ最近ということもあって、参照できる過去の事例が豊富にあり、多くの問題を乗り越えて全県展開を行っているのが、キビタン健康ネットの特徴と言える（図表2-1-8）。

運営主体は一般社団法人である。福島県医師会の全面的なバックアップと、各地の郡市医師会や行政機関などによる協力体制を敷いている。

キビタン健康ネットは、時間をかけて広域化・高機能化を実践し

図表2-1-8　あじさいネット、キビタン健康ネットの構築時期

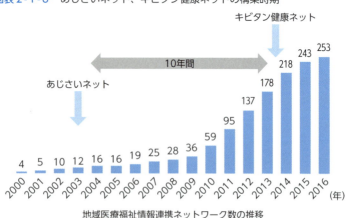

地域医療福祉情報連携ネットワーク数の推移

図表2-1-9　キビタン健康ネットの全体図

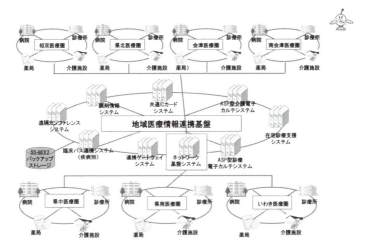

ていった前出の2つの事例（「天かける」「あじさいネット」）とは異なり、2年という短期間のうちに事業展開を行ったことが特徴的である。

このような短期間構築を行うためには、すでにサービス化が実現されていた全国版の共通基盤サービス（VPN接続サービス、ID-LINK、Human−Bridge、各種ASPサービスなど）を採用したことが重要な役割を果たしたと言える。また、基盤構築を実施する一般社団法人が開始時より積極的に会費等の費用徴収を行ってきたことも、注目すべき点として挙げられる。

キビタン健康ネットでは、企業によってサービス化された部分に関して、実施主体である一般社団法人は減価償却に当たる費用負担を行っていない。いわゆる、メディカルパブリッククラウドサービスである。この場合のサービス提供の責任は企業側にあり、そのシステムを更新・継続する責任についても同様に企業側にある（図表2-1-9）。

また、平時における地域住民の生活を支え、医療福祉に関わる多職種の業務支援を行う仕組みとするためには、さまざまなサービスの導入が必要となってくる。

　そのために、キビタン健康ネットでは利用者ごとのサービス選択と応分の費用負担を可能とする仕組みが構成されており、企業サービスが基盤部分の上に選択可能な状態で提供されている。

　2017年末時点での総接続医療機関数は780施設であり、その内訳は病院66、診療所230、薬局449、介護施設32となっており、地域医療福祉情報連携ネットワークの総接続数においては国内有数の規模となっている。

　過去の成功事例や課題解決の方法を参考にした大規模補助事業として構築されたキビタン健康ネットの将来は、大いに注目すべきものと言える。

地域社会基盤としてのヘルスケアICTの未来

　政府は2017年6月に「未来投資戦略2017」を閣議決定した。その中で具体的に実現すべき項目として「健康寿命の延伸」が挙げられており、それを実現するために定められた4本柱の第1の柱として、「データ利活用基盤の構築」が定められている。そこには「全国保健医療情報ネットワーク」の整備が明確に記載されている。それは「保健医療記録共有サービス」「救急時医療情報共有サービス」等で構成され、さらなる広域化や同意取得の容易化を目指して構築するとされている。また、それらの情報を本人が把握できるPHRの構築も目指すとされており、EHRの情報だけでなく、保険者等が保有するデータを、本人のライフステージに応じて民間サービスを取り入れた活用を可能とするようなサービスモデルの構築等を行うとしている。さらに、情報連結解析のための基盤として、医療保険のオンライン資格確認および医療等ID制度の導入についても、

時期を明確に記載し本格運用を目指すという。

このような政策の流れと、これまで地域医療福祉情報連携基盤が担おうとしてきた役割はほとんど一致している。社会基盤としての地域医療福祉情報連携ネットワークの今後の位置付けは、社会が抱えるさまざまな課題の解決にとって、また病院経営にとっても非常に重要になってくると思われる。

次世代ネットワーク医療の実現に向けて

単独の医療施設内で始まったデジタル化（ICT化）は、保健医療分野全体に及び、すでに「医療・介護・健康に関するデジタル化・ICT化」を通過しつつ、「医療等データ利活用基盤構築・ICT利活用推進」に向けて大きく動き出している。

単なる技術論や政策としてではなく、日常生活を支える「次世代ネットワーク医療」を実現するツールとして、地域医療福祉情報連携ネットワークが大いに利活用されることが望まれる。ネットワーク医療が患者を支え、生活を支えることができれば、少子高齢化による人口減少と労働力不足など、さまざまな課題を抱える社会を少なからず支えることができるのではないかと思われる。いずれにしても、わが国の地域医療福祉情報連携ネットワークが社会基盤として果たす役割は極めて大きいと言える。

◆柴田真吾（しばた・しんご）略歴
1994年、福岡大学医学部卒業。大村市立病院心臓血管病センター麻酔科、長崎大学医学部附属病院集中治療室、大村市立病院医療情報企画室室長などを経て現職。2004年より特定非営利活動法人長崎地域医療連携ネットワークシステム協議会理事・運営委員。2014年より一般社団法人福島県医療福祉情報ネットワーク協議会事務局アドバイザー。

第**2**章

地域における患者フロー

田中豊事務所有限会社 取締役

田中 豊

PFM（患者支援センター）とは──PFMの仕組み

1　急性期病院ビジネスは構造的な赤字体質

　2016年頃から急性期病院ビジネスは、構造的な赤字体質に陥っている。病院経営といったら、従来は「診療報酬改定の影響と対策」を中心に語られてきたものであるが、社会構造の変化、とりわけ少子高齢化と（労働）人口の減少が病院経営に大きな影を落としつつあり、今後さらに病院の経営環境は悪化すると考えられている。図表2-2-1に病院経営の悪化の要因をまとめた。

1．「支出の増加」の原因

① 人件費の増加

　人口の高齢化に伴って、複数の背景疾患を持った「手のかかる患者」が増加しつつある。その一方で、医療費抑制のため身体的リスクの高い患者の早期退院が求められ、主治医のみでは対応し切れなくなり、栄養・呼吸・緩和・リエゾンなどの専門チームによる対処が必要になった。また、医療事故や院内感染が頻発するため、医療安全・感染対策室の設置も必要になった。

　これらの対策には診療報酬制度上、医学管理料等加算が算定できる仕組みとなっているが、施設基準ではいずれも「専従職員」の確

図表2-2-1 病院経営悪化の要因

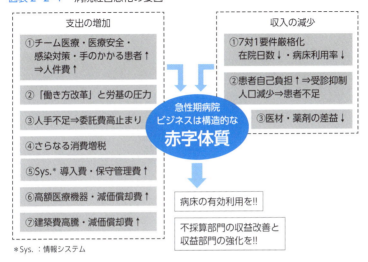

＊Sys.：情報システム

保が求められており、人件費の増加が発生した。

② 医療従事者の勤務環境改善などに伴う人件費の増加

　以前から医師不足・医師の過労死・女性医師の出産育児後の職場復帰困難などが問題になっており、「医師の負荷軽減」の観点から医師事務作業補助者の大量雇用、保育園設置などが行われてきた。近年は、労働基準監督署が病院をターゲットに是正勧告を行うようになり、36協定も考慮した人員体制の整備が求められ、医療従事者の人件費の増加、手術・ERの縮小などが生じている。

③ 労働人口の不足に伴う委託費の高止まり

　労働人口は急速に減少し、すでにコンビニや建設業などでは人手不足が顕在化しているが、最近は病院に関わる委託業務（医事・SPD・清掃・中材・厨房など）でも人手不足が顕著になってきている。委託業務費は高止まりから上昇に転じつつあり、病院経営を圧迫する要因になってきた。

④ 2019年秋に予定される消費増税

2017年の衆議院選挙で与党が圧勝したため、2019年秋に消費税増税が行われることが確定的となった。消費税は病院にとっては「損税」であり、人件費（正職員・出向職員・パートタイマーの給与）以外のすべてが対象になるため、2％の増税は診療報酬本体部分の0.55％アップを帳消しにするほどのインパクトを病院経営に与えることになる。

⑤ システム導入費用と保守管理経費の増大

従来は病院情報システムといえば、電子カルテ（以下、EMR）および部門システムと画像保管・電送システム（以下、PACS）を指していたが、診療報酬制度の複雑化に伴う各種アセスメントシステムや記録システム、EMRやPACSとの接続が必要な医療機器に含まれるシステムが続々と採用されるようになってから、LANおよびEMR・PACSとの接続が頻繁に発生し、システム導入費と保守管理経費が増加し続けている。

⑥ 高額医療機器の購入と減価償却費の増大

高額医療機器の技術革新は続いており、ハイブリット手術室の設置もしばしば見られるようになり、減価償却費負担が増加している。

⑦ 建設費の高騰・高止まりと減価償却費の増大

建築コストは高止まりする中で、新築や改修に踏み切った施設も多く、金利および減価償却費負担が増加している施設が散見される。

2.「収入の減少」の原因

① 7対1入院基本料の要件厳格化に伴う在院日数短縮とそれに連動した病床利用率の低下

2025年モデルを目指した、7対1入院基本料要件の厳格化が進行中で、「重症度、医療・看護必要度」の条件を満足させるために、在院日数の短縮や集中治療室の利用抑制を行った施設が多く、在院日数短縮の結果として病床利用率の低下が生じ、入院収入の減少を

134　第2部　地域ヘルスケア基盤 実現のための手法

招いている。

② 患者の自己負担による大病院への受診抑制および人口減少に伴う患者不足

患者の自己負担の増加による受診抑制と人口減少に伴う患者不足の結果、過疎的他地域では決定的に患者不足が発生している。一方、大都市部においても患者の争奪戦が激化しており、この争奪戦に敗れた施設では外来・入院の患者不足が深刻化し医業収益の低下が生じている。

③ 医材・薬剤の差益の縮小

分子標的薬をはじめとする高額医薬品の増加のため、薬剤在庫額が増大しキャッシュフローを圧迫している。さらに、オプジーボ問題に端を発した高額の薬価対策として掲げられた大幅な「薬価引き下げ」によって、病院の真水の収入であった薬価差益の著しい縮小につながり、今後の病院経営に大きなマイナス要因となる。

上記のような「支出の増加」と「収入の減少」の影響で病院の収支は悪化する傾向にある。この傾向は、今後さらに深刻化するため、「病床の有効活用」と「不採算部門の収益改善、収益部門の強化」が病院経営改善施策の核心となってくる。特に「病床の有効活用」の決め手となるのが、PFM（Patient Flow Management：患者支援センター）である。

PFMの誕生

PFMが誕生したのは、筆者が東海大学医学部付属病院の企画部長として、長期入院・未収金対策に取り組んでいた時である。1998年の初夏のある日、副看護部長および医療ソーシャルワーカー（以下、MSW）と共に、長期入院・未収金が発生した患者のカルテを一つひとつ検討していたところ、3人は即座にすべてのリスクが看護1号用紙に記載されていることに気付き、得られたリスク

図表2-2-2　東海大学付属病院オリジナルシステムPFMのメリット

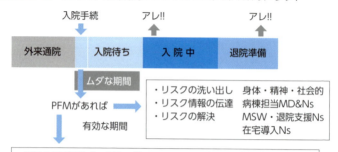

情報に対応せずこれを放置している病院の体制こそが問題であると感じた。そこで、同年秋に入院患者の身体的・社会的・精神的リスクを入院前に把握し、対策を講じる組織（PFMと名付けた）を立ち上げるためのパイロットスタディーを、神経内科の緊急入院患者を対象に開始し、徐々に対象診療科を拡大していった（図表-2-2-2）。

　その当時は、医学部付属病院の全面建て替え（2006年開院）が水面下で検討されており、私がその責任者であったものの、PFMのために十分な面積を確保することはできず、その対象診療科は限定的であった。しかし、PFMが完成した際に、その果たすべき機能（図表2-2-3）を明確に把握することができ、必要な人員も2006年に向けて徐々に確保した。

ダウンサイジングに対応した筋肉質な病院の構築

　筆者が企画室次長となった1996年当時、医学部付属病院は巨額の赤字を出しており、累積債務は目が眩むほどの額であったため、東海大学の生き残りをかけた病院の経営再建こそが自らに課せられたミッションであった。そこで収益性の低い疾患（今でいう「重症度、医療・看護必要度」が低い患者）の入院は不可能と考え、疾患別の医療費原価調査に基づいて、病床数を1,133床から804床にダウンサイジングすることにした。

　病床をダウンサイジングしつつ経営を改善するには、

①より多くの外来患者の確保（患者満足度の向上と医療連携の強化）と救急の充実

②外来診察室数の拡充とスループットの向上（外来診察開始時刻8時への前倒しと、操作性・閲覧性のよい情報システムの導入）

③「その日に結果の出る外来」の実現（検体検査の30分報告と患者検査を即日実施できる体制の構築）

④入院医療の急性期への特化

⑤手術室・集中治療室の強化

⑥在院日数短縮による入院診療単価の向上

⑦ベッドコントロールの一元化による病床利用率の向上

⑧退院阻害因子への入院前からの取り組み

⑨委託業務スペックの簡素化による委託費の削減と管理経費の削減（少ない人員で運用できる病院）

などが必要と考えられた。

PFMの運用——PFMの仕組みの本質、運用の肝

1 PFMの機能

PFM機能（図表2-2-3）の本質は、次の2点である。
・入院前に患者の精神的・身体的・社会的リスクを把握し早期に対応
・患者の状態に合わせた入院日および入院病棟の決定

1. 患者の身体的・社会的・精神的リスクへの早期な対応

　この作業はPFM看護師が患者と面談し、情報を収集することから始まるが、効率的かつ的確な面談を行うには予習が必要になる。その支援には情報の流れと質の整備、すなわち以下の情報等が閲覧しやすい環境がなければならない。
①患者の問診票、保険情報等、感染症等の患者基本情報
②入院歴のある患者の家族構成およびキーマン、生活環境、過去のトラブル、看護退院サマリー
③既往症および常用薬
④当院の各科受診履歴、検体および患者検査結果レポート
⑤今回の入院目的、予定される治療（日程・予定術式を含む）、入院主病名と副傷病目（DPC14桁コード）、適応するクリニカルパス（以下、CP）

　当院の初回入院患者は、①の保険情報等や②③の情報が欠如しており、面談で的確に把握しなければならないため、PFM面談に役立つ問診票を設計する必要があった。

　事前の予習や面談による情報収集から患者の身体的・社会的・精神的リスクは明らかになる。そして、どのような情報がリスクにつながるキーワードであるか、PFMスタッフに周知しなければならないわけであるが、キーワードは時代と共に変化し、また地域によ

138　第2部　地域ヘルスケア基盤 実現のための手法

図表 2-2-3　PFMの機能

役　割	業　務	効　果
初診患者対応	統一問診票の作成 ⇒ 問診票のシステム取り込み⇒患者のトリアージ ⇒ 外来担当医への連絡	・外来医師・看護師業務軽減
医療連携	医療連携とPFM看護師が協力して紹介に対応⇒紹介医の信頼向上 ⇒ 診察・検査予約	・紹介率・患者満足度向上 ・外来医師の業務軽減
入院申込み 患者情報収集 栄養・薬剤・リハの介入 MSW・在宅チームの介入	◆問診票+PFM看護師が看護1号用紙⇒Sys. ・身体的リスク（併存疾患・常用薬・栄養状態・褥瘡・誤嚥・排泄・退院後の医療処置等リスク） 　⇒DI・常用薬続行中止判断・一包化 　⇒治療・検査・生活の説明とリスクへの対処 　⇒術前呼吸リハ・周術期口腔ケア・術前栄養食事指導 ・社会的リスク（医療介護保険情報・生活困窮・虐待・緊急入院・入院のリピーターの把握等） 　⇒入院前から退院支援開始（キーマンの把握・MSW社会的資源の投入・転院先確保・在宅医療導入準備） ・精神的リスク（リエゾンチーム介入）	・病棟看護師の業務軽減 ・病棟医師の業務軽減 ・医療安全の向上 ・患者基本情報整備 ・患者満足度向上 ・在院日数短縮 ・退院支援 ・入院期間適正化 ・各種加算算定の判断 ・入退院支援加算の算定 ・未収金の削減
ベッドコントロール	各種スケジュール確認 ⇒ 入院病棟の決定 ⇒ 適切な病棟選択＆病棟稼働率の平準化	・病棟の有効利用 ・看護師・医師業務軽減

って異なるため、常時バージョンアップをすべきである。

　身体的リスクの高い患者には、

①入院指示をした診療科とは異なる診療科を紹介しリスク評価、場合によっては治療を依頼

②併存疾患によっては常食から治療食に食事指示を変更

③常用薬の鑑別を行って、当該常用薬の中止が必要な場合は入院予定日の変更を行う

など、入院指示医の面子をつぶすような指摘をせざるを得ないケー

スがあり、PFMの役割とメリットについて医師を教育する必要がある。社会的リスクが高い患者は、MSWがその場で介入すべきである。

しかし、救命救急センター（以下、ER）経由の入院患者こそ、その身体的・社会的・精神的リスクが高い。ER経由の緊急入院に対する対応が大きな課題となっており、ER受付で患者の保険情報等を可能な限り把握した上で、MSWがERの朝のカンファレンスに出席し、新規入院患者の社会的リスクに早期の段階から対応する仕組みを構築すべきである。

2018年度診療報酬改定では、患者情報の早期把握と対応を促す「入院時支援加算」がようやく新設されることになったが、筆者の視点からすると、なぜ20年もかかったのか不思議である。

2．PFM師長によるベッドコントロール

PFMのもう1つの重要な機能が、ベッドコントロールである。「2025年モデル」の策定以来、急性期病床削減を目指した「7対1入院基本料」の要件厳格化等の嵐が吹き荒れているが、これらの国家政策に対抗するための施策は、東海大学が病床数を大幅にダウンサイジングした時に講じた対策と相通じる施策が必要である。中でも、限られた病床の高回転での活用は避けて通れない道であり、病床を病院の資産と捉えてベッドコントロールの権限を各科の医師からPFM師長に移管すべきである。

2　PFMは大きな人件費負担であり、収益増加につながらなければ存在意義がない

PFMは、看護師・MSW・医療連携・医事課入退院係に加え、管理栄養士・薬剤師・リハビリテーション技師が関わる大所帯で、その人件費は相当な額に達する。率直に言うと、「稼いでもらわなければ困る」ほどに巨大な存在である。図表2-2-4に、PFMにどの

140　第2部　地域ヘルスケア基盤 実現のための手法

図表2-2-4　PFMにおける収益増の取り組み

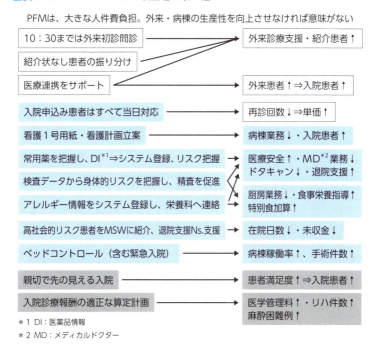

*1 DI：医薬品情報
*2 MD：メディカルドクター

ように収益を上げてもらいたいかをまとめた。PFMが関わることで稼げる可能性のある範囲は極めて広く、運用次第では大きな富を生み出すものもある。特に、医師の指示がないために実施もれが生じやすい医療行為等に対しては、的確な実施の支援をすべきである。2018年度診療報酬改定では「入院時支援加算」が新設されたが、加算を算定することを目的にはしないでいただきたい。

3　病院の集患力強化の基本は「口コミ」

　冒頭に述べたように、病院間の患者争奪戦は激化の一途をたどっており、多くの病院が「医療連携」が最重要課題と考えていると言

図表2-2-5 PFMにおける主な説明内容

時期・事項	説明内容
入院	医師の説明（病名・治療・苦痛・予後…） 入院日の目途・入院期間（退院日の目途） 治療方法について、想定される合併症など
入院当日	入院当日（いつ・どこへ行けばよい・事務手続き・土日入院できる？…） 入院する時の準備（持参薬・持参品…）
費用関連	経済的困難への支援（医療介護保険・諸法・生保の申請…） 必要な費用（予納金の有無・自己負担額…） 入院費用の支払い方法 民間保険が使えるか
退院受け入れ	およその退院日 帰宅する時の状態・社会復帰の目途 家族が準備しなければいけないこと（食事・リハビリ・自宅改修…） 独居・老老介護・介護力不足などへの対策 在宅や転院について（可能性・必要性・方法…）

われるが、筆者は必ずしもそうとは思っていない。やはり、患者・家族満足度の高い外来・入院サービスこそが集患力の源泉であり、入院に関して言えば「親切で先が見える入院」をPFMの関与によって実現することがもっとも重要と考えている。

入院時支援加算でも求めているところであるが、患者家族満足度の向上には、入院後の経過・入院中の生活・退院時の状態をPFMで説明することが欠かせない。そのため、入院を指示する医師はDPC14桁コード（入院期間・副傷病）を確定すると同時に、患者に対する説明のために、①治療に関する情報（治療日・治療方法・術式）、②CP（入院後の経過）を指定すべきである（図表2-2-5）。

4　PFMによるベッドコントロール

多くの病院がたどってきた、病床のあり方とベッドコントロールの歴史を図表2-2-6に示したが、いまだに診療科別病床数にこだわっているため、病院の資産である病床を有効に活用できていない

図表 2-2-6　ベッドコントロールの歴史

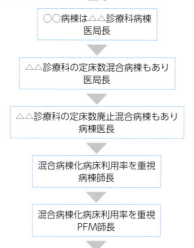

病院が散見される。そのような病院はいずれ経営が行き詰まるものと考えられる。ベッドコントロールに求められるスキルは高度化する一方で、病棟ごとの①病床利用率、②重症度、医療・看護必要度、③入院患者の退院見通し、④対象病棟の看護スキル（専門性）、⑤当該患者の入院期間と手間のかかり具合、⑥当該患者の手術室・血管造影室・内視鏡室等での治療予定日、⑦当該患者の集中治療室の利用の有無などを俯瞰的に把握しなければならず、今こそベッドコントロールをPFM師長に委ねるべきである。

5　PFMによるベッドコントロールのポイント

前項でPFMによるベッドコントロールに欠かせないポイントについて述べたが、さらにPFM導入効果を付け加えたい。①PFMに

図表2-2-7　PFMによるベッドコントロールのポイント

1）看護1号用紙を作成し、病棟看護師の負荷軽減
　　⇒高回転な病棟を実現
2）社会的リスクを判定し、MSWと退院支援看護師が協力し長期入院・未収金発
　　生を予防（入院時支援加算＋入退院支援加算）
3）身体的リスクを判定し、医療資源を投入し、早期退院を図りつつ集中治療室の
　　利用も勘案
4）入院病棟の利用率・専門性を考慮
5）認知症の存在や譫妄のリスクなど手のかかり具合を勘案
6）病床利用率・「重症度、医療・看護必要度」・DPC入院期間Ⅰ・Ⅱを勘案
7）当該患者の予想される入院期間を勘案

より看護1号用紙が作成され、適応するCPが特定され、常用薬の鑑別が完了しているため、病棟看護師にとって新入院患者にかかる手間が削減されており、1日に受け入れ可能な患者数が増加、②社会的リスクの高い患者への対応が開始されているため、長期入院が発生しにくい、③身体的リスクへの対応が開始されているため、治療後の合併症に伴う長期入院が発生しにくい、などを挙げることができる（図表2-2-7）。

病院のPFMから地域のPFMへ
── 一病院ではなく、地域のPFMという考え方

1　病院PFMから地域PFMへ

　地域包括ケアシステムが目指しているのは「急性期病院での在院日数の短縮と急性期病床数の削減、後方病院への早期転院、早期の施設入所と介護サービスへの移行、看取りを含めた広範囲な在宅医療の導入」である。急性期病院のPFMにとっては、他院への転院促進に加えて、地域の施設・介護サービス・在宅医療の導入が大きな役割となる。2018年度診療報酬改定では、その前処理を円滑に

図表2-2-8 入院時支援加算 200点（退院時1回）

[算定対象]
1 自宅等（他院からの転入院患者以外）から入院する予定入院患者
2 入退院支援加算を算定する患者

[施設基準]
1 入退院支援加算の届出を行っていること
2 入退院支援加算1・2・3の施設基準で求める人員に加え、入院前支援を行う
担当者を病床規模に応じた必要人数、入退院支援部門に配置
3 地域連携を行うにつき十分な体制が整備されている

[留意事項]
入院の予定が決まった患者に対し、入院中の治療や入院生活に係る計画に備え、入院前に以下の内容を含む支援を行い、入院中の看護や栄養管理などに係る療養支援の計画を立て、患者及び関係者と共有する
①身体的・社会的・精神的背景を含めた患者情報の把握
②褥瘡に関する危険因子の評価
③栄養状態の評価
④持参薬の確認
⑤入院中に行われる治療・検査の説明
⑥入院生活の説明
⑦退院困難な要因の有無の評価

行うために、患者の抱える身体的・社会的・精神的問題を入院前に把握し、入院前から「退院困難因子」に取り組むことを目指して「入院時支援加算」（図表2-2-8）が新設された。

さらに、従来の「退院支援加算」を「入退院支援加算」に改名し（図表2-2-9）、無保険・虐待・養育の提供困難などの3要素を入退院支援の対象に加えた。

しかしながら、無保険者の診療拒否は不可能であり、緊急入院患者の生活保護申請に対するよりも、柔軟でタイムリーな自治体の対応を協議すべきである。虐待および養育の提供困難は長期入院・退院困難の原因となるが、そもそも極めて複雑な問題が背景にあると同時に、国および自治体の対応が遅れているのが現状であり、個々の病院の努力による対応には自ずと限界がある。

第2章　地域における患者フロー　　145

図表2-2-9　入退院支援加算　算定要件

ア. 悪性腫瘍、認知症または誤嚥性肺炎などの急性呼吸器疾患感染症のいずれかであること
イ. 緊急入院であること
ウ. 要介護認定が未申請であること
エ. 虐待を受けているまたはその疑いがあること
オ. 医療保険未加入者または生活困窮者であること
カ. 入院前に比べてADLが低下し、退院後の生活様式の再編が必要であること（推測される）
キ. 排泄に介助を要すること
ク. 同居者の有無にかかわらず、必要な介護または養育を十分に提供できる状況にないこと
ケ. 退院後に医療処置（胃瘻などの経管栄養法を含む）が必要なこと
コ. 入退院を繰り返していること
サ. その他の患者の状況から判断してアからコまでに準ずると認められる場合

図表2-2-10　病院PFMから地域PFMへの情報の流れ

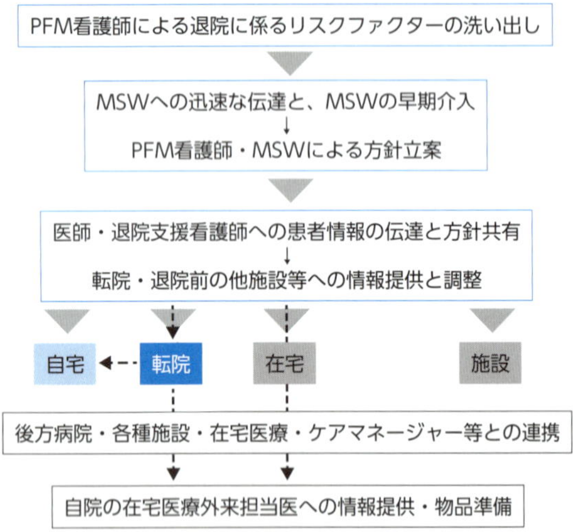

図表2-2-10に、自宅への退院（特別な支援不要）→転院→在宅医療の導入→施設への入所の場合の情報の流れを模式的に示した。今後、PFM業務を効果的に運用しようとする場合、急性期病院では医師を含む各職種が入院前から退院に向けての課題と方針を共有化することが不可欠となり、新たな業務設計とそれを推進する強いリーダーシップが必要になる。

また、地域の後方病院やケアマネジャー・訪問看護ステーション・在宅医療チームとの密度の濃い関係の構築も欠かせない。急性期病院のPFMは、従来のような地域の後方病院の医療連携の営業を待つのではなく、地域の医療資源を把握してポストアキュート患者の分配先を決定すべきであり、各施設が必要とする情報を適切に提供できる体制を整えるべきである。

2　青年患者やその子弟の退院困難等について考える

退院困難例から真っ先にイメージされるものは、老老介護や独居老人など、高齢者世帯が抱える問題であり、PFMにおいても「家族構成等」の情報を通じて早期に把握し、MSWの介入により施設への入所や在宅医療・訪問看護・介護サービスなどが積極的に導入されるようになってきている。「格差社会」が叫ばれるようになってから久しい。これまで経済的な困窮状態にある青年層の無保険者の増加は認知されてきたが、経済的困窮が患者自身とその子弟（小児）の長期入院の原因にもなっていることは、病院経営者に広く認知されているとは言い難い。まずは、青年患者層とその子弟の問題（図表2-2-11）を理解すべきである。

無保険者は保険証の確認により概ね把握できるため、生活保護の申請などの対策が想定されるが、その子弟の長期入院問題は複雑で、①病児が先天性疾患や難病等である場合や、②親からの虐待がある場合にはさらに対応が困難となる。①、②ともに生活保護の申請は不可欠であるが、①の場合は、転院先の病院を見つけにくい、また

図表2-2-11　経済的困窮状態の青年層患者とその子弟の問題

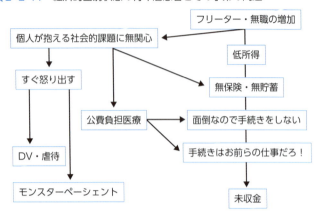

小児在宅医療サービスは稀少である。②の場合は、児童相談所と協働しても両親の夫婦関係の破たんや入所施設が少ないことなどの問題が山積しており、一病院が対処できる範囲を大きく超えている。②のように、病院PFMでは手に負えない問題を放置し、一方で小児病棟の平均在院日数・在宅復帰率・「重症度、医療・看護必用度」を論じるのはナンセンスであると言わざるを得ない。

青年層の経済的困窮は家庭格差に端を発し、「学歴格差→希望格差→経済格差」へとつながる負の連鎖が関わっており、各段階における「格差」に関連するキーワードが経済的困窮を示唆するものになるため、面談時にキーワードを発見し、可能であれば入院前から各種対応を開始することが求められる。

3　一言で社会資源の活用と言うけれど

円滑な退院支援には、入院前に患者が加入している医療保険・介護保険の加入状況や公費負担の申請が済んでいるかどうかの確認をすることが肝要である（図表2-2-12）。入院直前あるいは当日に

図表2-2-12　医療保障制度等一覧

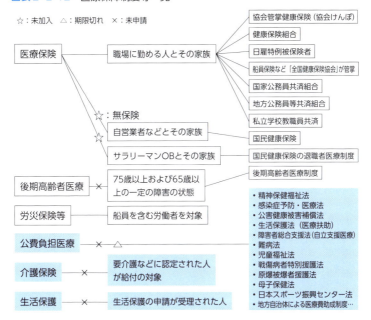

　無保険と判明しても、生活保護等の申請をする時間的余裕がないのが一般的で、これらの情報把握は外来の初診から開始し、再診のたびに期限切れおよび変更・新規取得を含めて、確認する仕組みを構築すると同時に、初診時および入院前問診票も見直す必要がある。

　公費負担は、国負担以外に、自治体が定めるものがあり、これも確認が必要である。また、医師および患者は公費負担に無関心で、未申請の場合が多い。さらに、外来診療病名がレセプト病名となっているため、外来病名から公費負担の対象であるか否かを割り出すことは困難だ。

　このように、社会的資源を活用した退院支援を確立することは容易ではなく、医師の教育も含めた組織的な対応が必要となってくるのである。

コラム

オペレーションの標準化——何をするにも、原点・基本は標準化

　医材の廉価購入のための共同購買が効果を上げるには、共同購入への各参加施設が身勝手なことを言わずに標準品を購入すべきである。とりわけ、近々実現すると思われる再生医材の購入では選択肢は大いに制限されることになり、経済原理を納得してもらうための医師の意識改革が求められる。2018年度診療報酬改定で新設された「入院時支援加算」は、入院指示を行う医師がDPC14桁コード・治療内容（術式を含む）および治療日・入院後に用いるクリティカルパスを特定することを求めていると解釈され、医師の入院指示業務の「標準化」が必須である。また、同じ状態の患者であっても、医師により点滴指示等の内容が異なることはよく知られており、医師の「指示出し」作業を煩雑にしているばかりか、看護師の「指示受け」業務を困難にすると同時に医療安全上も危険な状態を作り出している。ここでも、医師の指示出しにおける「標準化」が求められている。

　積極的な医事算定を行うためには、入院医療ではDPC14桁コードごとに、入院前・入院中・退院前に行うべき各種指導管理・リハビリテーション・各種ケア・チーム医療の介入などを「標準化」すべきである。

　人工知能（以下、AI）による診療支援は、外来診療効率を著しく向上させることが期待されており、2～3年のうちに導入が開始されると思われるが、AIの導入に向けた情報システムが持つ情報の信頼性の向上などの前準備は、診療科を超えた全体最適を目指した概念のもとで進めるべきである。

　また、紹介状情報や問診情報に基づく「診察前検査」の標準化などは避けて通ることができない。中でも標準化を急ぐべきなのは、患者基本情報をめぐる作業工程等の標準化である。図表2-2-13に患者基本情報の課題を示した。①必要なデータが情報を持っているシステムから送信されない、②何度も同じことを患者に確認する、③部門システムへの転記作業が発生する、④細かいタブに分かれて

いるため一覧的に閲覧できない、⑤職種ごとに閲覧項目が絞り込めない、⑥更新履歴が不明なため信頼できない、などの問題を抱えており、各職種の生産性向上の足を引っ張っているのが現状だ。

これらの問題を解決するには、患者基本情報システムをより利便性の高いものにするための"システムとしての見直し"と、部門システムとの間の情報の流れの再構築、問診票の整理と情報の患者基本情報への送信、各部署（初診問診担当看護師、ブロック受付、PFMスタッフ、各科外来・病棟担当医師、検査技師、栄養士、薬剤師、リハ技師、外来・病棟担当看護師、医事課等）の患者基本情報への入力役割の明確化などを急いで行うべきであると考える。

「標準化」を進めるには、院内の業務フロー・関連システムの構造と問題点の把握が重要で、問題点を構造化（可視化）し、より効率のよい業務フローを設計することが求められる。

図表 2-2-13 患者基本情報の課題

1. 基本情報
   - 障害情報・感染情報・薬剤禁忌・食物禁忌・アレルギー・体内金属・造影剤禁忌・
   - フリーコメント…
2. 患者情報
   - 身長・体重等・BMI・体表面積、血液型・かかりつけ医・かかりつけ薬局等
3. 既往歴・常用薬
4. 特記事項
5. 医学的背景情報
6. 家族歴・成育情報
   - 生活背景情報
   - 入院情報
7. 社会保障・連絡先

イベントがあっても訂正されない

PFMでは、かなり正確に訂正できる

多職種への情報分配の仕組みが必要

時と共に変化するものが多い

上書きせず、履歴が残ることが好ましい

社会変化への対応不十分なものが多い

他のシステムに反映しにくく、二重入力が発生

第2章　地域における患者フロー　　**151**

◆田中豊（たなか・ゆたか）略歴

1977年、慶應義塾大学医学部卒業、東海大学研修医。その後、肝胆膵の外科医となり、1996年から東海大学医学部の経営改善を担当。その後、同院の新築プロジェクトの責任者となり、2006年に開院した新病院は、わが国でもっとも経営状態が良好な大学病院の1つとなった。2014年、同院を定年退職。外資系コンサルタント会社の顧問兼任を経て、個人事務所およびKPMG有限責任あずさ監査法人顧問として、国内病院の経営改善・新築、改修・情報システム、および、海外での病院事業展開のアドバイザリー業務を精力的に行っている。元東海大学医学部病院管理学准教授。

第**3**章

地域のチーム医療

公益財団法人筑波メディカルセンター 事務局長

鈴木 紀之

　本章は、2018年のいわゆる「惑星直列*改定」および2025年、2035年という節目となる時を迎えるに当たって、岐路に立つ病院経営変革対応シナリオの実現を目指した事務部門のあるべき姿を語るものとする。

　筆者のホームグラウンドである「筑波メディカルセンター病院」を管理・運営するのは、公益財団法人筑波メディカルセンターである。同法人は病院の運営のみならず、つくば総合健診センター、訪問看護ステーションを中心とした在宅ケア事業を展開している。また、茨城県との連携による受託事業として「茨城県立つくば看護専門学校」「筑波剖検センター」の運営も行っている。

　人的資源構成は**図表2-3-1**の通りである。年間事業規模は、法

図表2-3-1　筑波メディカルセンター病院の職員数

・診療部（129名）	・看護部（607名）
・事務局（180名）	・放射線技師（27名）
・臨床検査技師（39名）	・薬剤師（29名）
・理学療法士（27名）	・作業療法士（16名）
・言語療法士（17名）	・臨床工学技師（12名）
・医療福祉相談員（7名）	・管理栄養士（9名）
・介護・医療支援部（80名）	・保育士（20名）

合計1,199名（法人総計1,380名）

＊惑星直列：2018年度は、診療報酬・介護報酬の同時改定だけでなく、第7次医療計画や第7期介護保険事業計画がスタートするなど、医療・介護政策がいっせいに始まることから、厚生労働省の鈴木康裕保険局局長が呼び始めたもの。

図表 2-3-2　筑波メディカルセンターの累積損益の推移

人として約160億円、病院単独では約140億円となっており、1,400名の人件費率は53％前後、長短期借入金は合計約90億円強という経営環境にある。

　1985（昭和60）年の病院開設時には、公益法人立の民間病院としてスタートした。その経営成績の軌跡は図表2-3-2に示すように、時代の変遷を映し出している。赤字経営の時代を経て今日に至っているのがわかる。

　筆者は開設時から現在まで、医療の現場において時代の変化に翻弄されながら、病院の成長と苦楽を共にして、30有余年の経験値を得ることができた。

　惑星直列の到来以降、荒天下を航行していかなくてはならない多くの医療機関にとって、拠りどころとするこのフィールドから、今後の進むべき進路とその舵取りについて、「事務」の役割を中心に述べたいと思う。

チーム医療と事務部門の役割

まず、事務部門の取り組み前提として、大別して2つのチーム医療（臨床事務、マネジメント事務）への参画・関与を設定する。事務部門の仕事を厳密に分類することに大きな意味はないが、事務の果たすべき役割が十分に論議されず、当事者たるわれわれ自身が「事務ですから」と、臨床現場から一歩距離を置くような意識があることも否定できない。

そこで、その立ち位置をフロントヤードとバックヤードに区分して、これからの時代に病院経営を支えなければならない事務部門のあり方を明らかにしていく（図表2-3-3）。

1　事務部門における2つのチーム医療

1．臨床におけるチーム医療（臨床事務）

臨床事務は、医療事務を扱う医事課を筆頭に、患者との接点を持つ多職種協働で活動している。

近年は、医師事務作業補助者という職種も設定され、その機能に

図表2-3-3　事務部門が担う病院経営改善チーム医療のイメージ

注目が集まっている。しかし、脇役で甘んじてはいけない。臨床事務として、手術室で、病棟で、救命救急センターで、専門外来で、診療報酬に精通した知識と顧客満足度を意識できる事務特性を活かすことができる。そして、多職種協働における活動の潤滑油役として、また、さまざまな成果を"見える化"するプレゼンテーション役として、チームのコーディネート役として、その真価を発揮できる時代がきている。

　当然のことながら、患者・家族に身近に接する医療者としての役割も重要である。患者が診療に際して心配するのは経済的負担であり、腹立たしく思うのは会計の待ち時間であろう。前者に対しては、入院費用の把握、保険等利用できる制度の活用アドバイスなど、患者ニーズに応じたきめ細かな対応ができる。後者の待ち時間は、医療機関への心象を損ねかねない。待ち時間中の患者への配慮、事務職員からの適切な情報提供が効果的である。診療状況のお知らせなどの声がけや、待ち時間に読める医療資料の用意、デジタルサイネージなどによる医療情報の提供など、取り組みには工夫の余地がまだまだあるように思われる。

２．マネジメントとしてのチーム医療（マネジメント事務）

　マネジメント事務も、チームの躍進には欠かせない。ヒト・モノ・カネ・情報（収集、分析、提供）・時間の面から考えてみたい。
　「ヒト」は、医療の質、経営の健全化、職場環境の充実、法令遵守といったさまざまな面で、組織運営上極めて重要なテーマとなる。人材の確保と定着化が図られ不安のない雇用環境があって初めて、チーム医療の継続的な成果を期待できる。そのためには、マネジメント事務が自院の現場を把握し、適切な人員規模を定めて、現場の指導者・責任者と運営幹部が認識を共有できる機会を提供していく必要がある。
　また、人材の充実が患者の確保と他の医療機関等を含むステーク

ホルダー（利害関係者）の支持につながるため、経営的成果を生むためには、綿密な計画が求められる。その前提として、労務管理の徹底と満足度調査等の職員の意識調査を実践し、“働き方改革”に代表される世情の動向や法令の改正をも視野に入れた能動的な職場環境整備に関与することは、チーム医療の一員としてマネジメント事務に課せられた役割と言える。今、われわれは、従来からある机上の人事労務業務からの進化を求められているのである。

「モノ」については、チーム医療に必要となるモノの調達と維持管理を支える実践ノウハウ、中長期的計画の立案を行う。高額医療機器から日常診療に必要となる消耗品・備品に至るまで、その特性規模に十分配慮したモノの管理供給が、チーム医療の活動を裏で支える。

現場任せの受動的な供給行動では、チームにとって最善のモノの手配はできない。場合によっては、チームのメンバーに、計画の見直しや規模の縮小、需要の喚起、現場での使用ルールの厳格化など、聞きづらいテーマを提示して組織的な合意形成を図っていく責任がある。

「金は天下の回りもの」と言われるが、近年、にわかにその流れが滞るようになってきている。医療を取り巻く厳しい経済環境は本章で論じるテーマではないが、資金の枯渇、財務体質の悪化は、チーム医療の崩壊につながりかねない。

患者にとって、金の話ばかりが取り沙汰される病院は不安に感じるだろうが、金に無頓着な病院が質の高い医療を継続的に提供できる時代ではないことも周知の事実である。

資金（お金）のマネジメントについては、チーム医療を支える縁の下の力持ちとして、目先の利得に惑わされない資金計画と、財務健全化に向けた中長期的な視点からの計画立案が求められる。

「情報」に関してマネジメント事務に求められる役割は、診療報酬や行政施策、経営情報、地域医療ニーズなどの多種多様な情報の

中から、チームメンバーで共通理解を図り、活動戦略の策定に資する情報を選りすぐった上で、その分析・解説を付して提供することである。

こうした材料をもって、チームがどのような合意形成をできるか、舞台裏から見届けることもマネジメント事務の果たすべき役割の1つと言える。

「時間」をマネジメントの対象とすることは、医療経営的にも、最近にわかに重要度を増してきている。2018年の惑星直列、2019年に予定される消費税増税、そして2025年には団塊の世代が全員、後期高齢者となり、2035年には団塊ジュニア世代が65歳以上となる。わが国は「超高齢・少子、多死・人口減少」へと進んでいく。必要以上に悲観することはないと思われるが、環境適応のための準備期間はほとんどない。

マネジメント事務は、1日24時間、1年365日という限られた時間の中で、質の高い医療を提供できる健全経営、かつ働き方改革に代表される社会的な要請を踏まえた快適な職場環境と人材の確保を達成しなければならない。チームに対して、時間資源の有効活用を提言し続けていく必要がある。

2 日本医療機能評価機構による外部評価を活用した チーム医療の構築

組織的運営を継続していくには、時宜を得た評価、振り返りが必須である。そして、その中に成果の確認と課題の認識を組み込んでいかないと、往々にして単発のイベントと化してしまう恐れがある。

幹部会議や委員会、プロジェクト活動等で、このような検証はできるものと思われるが、やはり外部の客観的視点を活用することが望まれる。

外部というと、実績あるコンサルテーションの導入や医療関連の諸団体との連携による活動などが想起されがちであるが、本章では

公益財団法人日本医療機能評価機構の病院機能評価のチーム医療評価を効果的に活かす方法を紹介する。

1. 日本医療機能評価機構の病院機能評価の特徴
① 医療クオリティ マネジャー

日本医療機能評価機構の事業として、「医療クオリティ マネジャーの養成」がある。これは図表2-3-4にあるように、医療の質向上と病院管理の質をつなぐ存在として医療クオリティ マネジャーを機能させ、チーム医療の稼働を通じて、その実践を促す趣旨と認識されている。そして、その評価と継続的活動を担保するために、第三者の評価を重要なツールとして位置付けている。

大きな役割を果たす医療クオリティ マネジャーであるが、基本的にすべての職種がその任務に就くことが可能である。事務職からすると、非常に魅力的なポジションであると言え、ここからチーム医療に関与していくことも有効であると思われる。

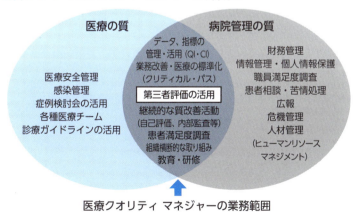

図表2-3-4 医療クオリティ マネジャーの業務範囲

第3章 地域のチーム医療

② 具体的評価項目

　機能評価の項目は、その全編がチーム医療を前提に構成されていると言っても過言ではない（**図表2-3-5、図表2-3-6**）。特にケアプロセス評価となる第2領域の2.2「**チーム医療による診療・ケアの実践**」は、チーム医療の実態を把握する上で意義深いものがある（**図表2-3-7**）。この機能評価において、臨床事務の機能がしっかり反映できるかをチェックする。また、第1領域「患者中心の医療の推進」・第4領域「理念達成に向けた組織運営」は、病院組織運営におけるマネジメント事務の力量が問われる評価項目体系となっており、事務部門として、また病院として、これらを検証することによって「チーム医療と臨床事務と病院経営」の輪郭が見えてくる。

③ 成果を得るためには

　外部評価の活用に関しては、どの機関や手法を採用するにしても、評価側のペースではなく、病院側の主体的取り組みが大前提である。等身大の姿・内容を自己評価し、その特質や得手不得手、課題の存在を把握した上で、その改善に資するために外部評価を最大限に活用する姿勢が求められる。外部評価をテコにして、事務部門が病院経営の改善に向けて、チーム医療の一員として機能できる可能性を

図表2-3-5　ケアプロセス（症例トレース型）

- ■その病棟の**典型的な1症例の経過**をたどりながら、受審病院の診療状況を把握する
- ■その症例の**診療の適切性**、 医師の技量やアウトカムを評価するのではない
- ■受審病院の**診療のシステム**や**ルールの有無**、その**遵守状況**を評価する
  - □患者本位の診療・ケアが提供されているか
  - □安全・感染予防への配慮がされているか
  - □チームとしての機能が発揮できているか
  - □確実な連絡・実施となっているか
  - □実態に沿ったマニュアルであるか

出所：公益財団法人日本医療機能評価機構、医療クオリティ マネジャー養成セミナー
　　　資料および病院機能評価解説集

図表 2-3-6　日本医療機能評価機構の病院機能評価の項目例

2.1　診療・ケアにおける質と安全の確保
・2.1.12　多職種が協働して患者の診療・ケアを行っている
【評価の視点】　患者の利益を尊重するために、必要に応じて多職種が協働し、チームとして患者の診療・ケアにあたっていることを評価する。
2.2　チーム医療による診療・ケアの実践
・2.2.1　来院した患者が円滑に診察を受けることができる
【評価の視点】　患者の視点に立って、円滑に受診が行われていることを評価する。
・2.2.3　地域の保健・医療・介護・福祉施設等から患者を円滑に受け入れている
【評価の視点】　医療を必要としている患者を地域の医療関連施設等から受け入れている状況を評価する。
・2.2.5　適切な連携先に患者を紹介している
【評価の視点】　継続的に療養を必要とする患者が他の医療関連施設に円滑に紹介されていることを評価する。
・2.2.8　患者・家族からの医療相談に適切に対応している
【評価の視点】　医療相談を必要とする患者・家族に対して、各場面で必要な相談に対応していることを評価する。
・2.2.9　患者が円滑に入院できる
【評価の視点】　患者が円滑に入院できる仕組みがあり、実践されていることを評価する。
・2.2.10　医師は病棟業務を適切に行っている
【評価の視点】　疾病や患者の状態に応じて、必要な回診や面談が行われ、チーム医療におけるリーダーシップが発揮されていることを評価する。
・2.2.21　患者・家族への退院支援を適切に行っている
【評価の視点】　患者の身体的・心理的状態、患者・家族の社会的状況に応じた退院支援が行われていることを評価する。
・2.2.22　必要な患者に在宅などで継続した診療・ケアを実施している
【評価の視点】　患者の病状とニーズに基づき、退院後も継続的に診療・ケアが提供されていること、また、必要な在宅療養支援が行われていることを評価する。

出所：公益財団法人日本医療機能評価機構、医療クオリティ マネジャー養成セミナー資料および病院機能評価解説集

見出すことができる理由はここにある。

2．達成可能な具体的成果

　ここで、チーム医療によって達成することができる、事務部門の成果目標をいくつか提案したい。

図表2-3-7　日本医療機能評価機構の病院機能評価の評価対象領域

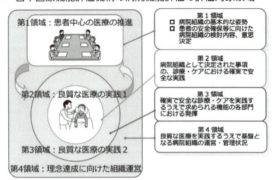

出所：公益財団法人日本医療機能評価機構、医療クオリティ マネジャー養成セミナー資料および病院機能評価解説集

① 臨床事務の成果目標

キーワードは、「顔」「繋（つなぎ）」「努力が報われる経済的成果」である。

医事業務は、地味な存在でありながらも広汎な業務領域を持ち、今日まで多くの熟練工に支えられて病院経営に貢献してきたと自負している。しかし近年は大変革の時代を迎え、仕事に対する姿勢や意識改革が求められるようになってきた。また、有能な人材の確保・育成は容易なことでなく、期待される医事部門職員を確保することは難しくなってきているのが現状である。

それでも、チーム医療の一員として、患者・家族に接し、臨床の現場ではスタッフと協働して円滑な診療検査を進める"つなぎ役"の存在は欠かすことができない。

そして、現在の医療経済情勢下において、最良の経済的評価を具現化し、その成果を組織の隅々にまで浸透させ、明日への活力を醸成することを、臨床事務は目指さなければならない。

前述したように近年、医師事務作業補助者の役割が注目を集めている。これは医師の働き方改革と相まって、従来にも増してその存

在が再認識されるようになってきたということであろう。これまでにも、医師事務作業補助者に類する役割を持つ機能が多くの病院に存在していたが、将来の業務IT化を視野に入れつつ、チーム医療の推進力として、その機能を大いに発揮してほしい。

今や、病院の総合案内はある意味、ホテルやデパートの案内所（案内係）と競うべき立場にあるといってよい。病院選択をする際、患者・家族の消費者心理を勘案すれば、チーム医療の最初の顔として、自院の魅力を最大限にアピールすることが期待される部署である。

また、病棟コンシェルジュというポジションも、病院の意識の変化や住民の価値観の変化を映して、今後は多くの病院で配置が進むものと思われる。病院の顔として、そしてチーム医療と患者・家族とのつなぎ役として、新たな役割創造が求められている。

地域医療連携業務は、地域とのチーム医療連携の要である。病院の営業戦力として、従来の事務職員とは違った持ち味を発揮し、地域と病院をつないでいく必要がある。病院のマーケット開拓には、この機能は必須であり、その経済的効果は大きなものがある。

医療情報管理業務は、情報記録を通してチーム医療に参画する。従来は、やや裏方的なポジションであったが、今ではチーム医療の花形機能として、電子カルテやDPCデータの作成分析、臨床指標作成、診療録の質的量的監査など、その役割機能は拡充の一途をたどっている。まさに、病院の顔であり、つなぎ役であり、経済的成果に導くという重要な任務を担っている。

② マネジメント事務の成果目標

こちらのキーワードは「共感力」「発信力」「創造力」の３つである。

財務・人事・労務管理・購買管理の部門は、医師の持ち味や特性を把握し、経営幹部の医療への情熱を理解し、そのマネジメントを展開していく重要なポジションである。受命するだけでなく「もの

第3章　地域のチーム医療　163

言う事務」として、その発信力が問われている。そして、その発信内容の質には、自院の持つバリュー（価値）をフルに発揮できる創造的な提案が求められるであろう。

ここで、さらに3つの要素を取り上げたい。1つ目は、リスクマネジメントである。現代は訴訟社会であり、医療界も訴訟リスクにさらされている。

専門家やさまざまな医療関連団体の支援・指導等を得てその対策に取り組むことになるが、その基本は「初動」の適切さにある。病院内での「安心・信頼・安全」について、医療側と患者・家族側双方の理解と共感を得られるよう、必要な情報を受発信して、最良の答えを導き出せる役割を果たしていきたい。

2つ目は、マーケティングを組織力の重要な戦力にすることである。そのためには、地域ニーズを捉え、チームへ発信し、しかるべき需要の吸収に応える供給体制を整える創造性が必要である。まさに、マネジメント事務の醍醐味とも言える役割である。

そして3つ目は、ステークホルダーの発掘と拡充である。これは、今後のチーム医療を支えるパワーを結集させる重要な任務であると確信している。端的な仕組みとしては、地域医療連携推進法人的な機能が想起されるが、病院経営を根底から支える体制を構築するには、より幅広く、地域や医療活動に密着したステークホルダーを確保することと、一緒に病院を支えていくという意識の共有が必要である。その目的を達成するには、地域への目配りができる、いろいろな可能性を検証できる人材の配置・育成が急務である。

地域を舞台とした医療連携を進める上でのチーム医療的課題

病院組織内におけるチーム医療と同様に、これからは地域を舞台として、より広域に、多機能的かつ効果的に、チーム医療を展開することが病院経営の改善につながっていく。

1 事務部門から俯瞰する地域医療連携の実態

1．課題の存在

① タコツボからの脱却

かつては、「他院のことは知りたいが、自院のことには干渉されたくない」という空気が、地域医療に存在していたように思われる。しかし、時代の変化に伴い、今では地域の病院や診療所をはじめ、多くの関連施設や団体、企業が互いの機能を活かすべく"連携"の旗の下、活動を展開している。

しかし、病院経営の視点で現実を直視すると、まだまだ建前論での連携に過ぎず、診療報酬に依拠した連携にとどまっているケースが多いように思われる。このような利益誘導型の地域医療連携から脱するためには、地域ニーズと最適医療提供システムの最良なシステム構築を意図し、大所高所から地域医療連携のあり方を議論することで創造していかなければならない。それには、ステークホルダーとの価値観の共有（固有の目標を踏まえて）が必須になる。

② 紹介・逆紹介患者の伸び悩みと開業医の減少・高齢化問題

前述のような連携を実践しても、実際の患者の動きは想定通りにはいかない。紹介患者も逆紹介患者も頭打ちで、地域によっては開業医の高齢化と後継者不足等の影響も大きくなりつつあるようだ（図表2-3-8）。

在宅医療をテーマとした新たなスキームの確立や少子化社会における小児医療の地域連携を模索していくことなど、今後検討すべき課題が多く、ここに事務部門もしっかり食いついていかなければならない（図表2-3-9）。

③ 病院全体、事務部門の連携リテラシーの強化

多くの病院では、院長以下の幹部が「連携」について、その重要性を認め、積極的な姿勢を見せている。しかしその内情は、一部の職員の奮闘に支えられているということも、時折、耳にする。

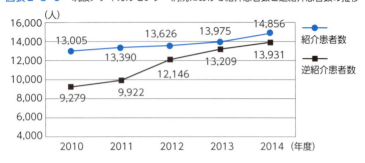

図表2-3-8　筑波メディカルセンター病院における紹介患者数と逆紹介患者数の推移

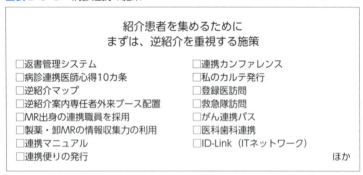

図表2-3-9　病診連携の施策

事務職員が地域医療連携課にその役割を委ねるのみで、積極的な関心を示さないようでは、地域医療連携のチーム医療は進展しないであろう。組織全体で意思統一を行い、事務部門が「連携」という時代を切り拓いていく重要な手がかりを理解し、活用できる力になり得るよう努めたい。

2．具体策事例

ここでは、当院の地域医療連携課の活動実績を紹介する。具体的な取り組み提示が、新たなビジョン創造の参考となれば幸いである。

当院は、病院広報の機能にとどまるのではなく、地域の医療機関のニーズや取り組みの考え方を収集する必要性を感じている。もちろん、ニーズを把握したからといって、単純に受け入れ実績につながるわけではないので、意図的に自院へ関心が向くような情報を提供するように努めている。

　診療所からは、当院の整備が進んでいない「○○科の充実」といった要望が多数寄せられる。しかし、医師確保の問題などで、ままならない状況であった。ある時、トピックス的に「TAVI（経カテーテル大動脈弁留置術）導入」を広報したところ、それまで特にTAVI導入の要望はなかったにもかかわらず、該当患者の紹介実績が確実に増加した。

　こうした思いがけない「需要」は、事務からの情報提供を契機に生まれること、そして具体的に何を生み出すことが成果につながるのか、チーム医療の中で検討していくべきであると実感した。

3．課題解決に向けた道筋の検討

　地域医療連携を推進していくためのチーム医療活動には、克服すべき課題が多い。また、実効性のある解決策を見出す難易度はかなり高い。もはや、前例主義で激動の時代を乗り切れるほど甘くないことを、多くの医療関係者は自覚している。こうした共通認識をテコに、打てる策は存在する。

　ここでも、行動力と創意工夫を主導する事務部門が必要とされる。

事務部門の現場事情

　最後に、事務部門の現実の姿にも触れる必要があると思われる。

1　「10：60：30」で動く病院事務の現状

　組織論や人材開発関連の書物に、「20：60：20」の法則が登場す

る。パレートの法則と呼ばれるもので、20%の優秀な人たち、60%の普通の人たち、20%の働かない人たちから組織は成り立っているという。現在、病院という集団において、20%の有能な人材を有し、事務部門を牽引できる体制を構築できている病院は、ほんの一握りではないだろうか。そうしたごく少数の病院は注目度が高く、その活動が学会や講演会、雑誌等で報じられるのを見るにつけ、自院の不甲斐なさを感じる病院幹部も多いのではないか。

　現実問題として、自院の現状を踏まえると「10：60：30」の状態から、組織強化と事務部門の底上げをいかに実現していくのかが大きな課題である。事務部門リーダーの育成、30%の弱小戦力の底上げ策、次世代を担わせるべき60%の多数派の覚醒の促し方等、検討しなければならない課題は山積している。

2　医療における事務部門の醍醐味を自他ともに認識するために

　志を持った事務部門の人材採用は"冬の時代"を迎えていると言える。本来、医療というフィールドは、やりがいのある分野であるはずだが、昨今では、若い世代に夢を抱かせるには、あまりにも魅力の乏しい職場環境となってしまった。

　病院の経営を改善する仕事、患者・家族や地域の人たちの命や健康を守る仕事に働きがいや魅力がないわけがないが、これまでの経営のツケが回ってきた今、知恵を絞って、チーム医療を担う事務部門スタッフの確保と育成に取り組んでいかなくてはならない。

◆鈴木紀之（すずき・のりゆき）略歴

1977年、学習院大学法学部卒業。1984年、公益財団法人筑波メディカルセンター入職、現在に至る。現在、公益財団法人日本医療機能評価機構評価部会委員、公益社団法人全日本病院協会病院機能評価委員会委員、NPO法人卒後臨床研修評価機構監事、一般社団法人日本病院会認定病院経営管理士、公益財団法人日本中毒情報センター監事などを務める。

第4章

地域をカバーする
ロジスティクス

流通経済大学流通情報学部 教授／東京海洋大学 名誉教授
苦瀬 博仁

　本章では、最初に病院のロジスティクスの意義と役割、およびロジスティクスの効率化と高度化を説明する。

　次に、病院のロジスティクスについて、地域から病院に搬入するロジスティクス、病院内ロジスティクス、病院と地域をつなぐロジスティクスの3つを説明する。

　そして最後に、災害の多いわが国だからこそ必要なロジスティクスから見た病院の災害対策を取り上げる。

病院におけるロジスティクスの意義と役割

1　ロジスティクスの重要性

　病院は、医療看護の場であると共に、スタッフ（医師、看護師、薬剤師、事務職員、技術職員など）にとっては働く場であり、患者（外来、入院）にとっては生活の場でもある。特に、見舞客や納品業者なども出入りする大きな病院は、診療所、オフィス、ホテル、食堂、売店など、さまざまな顔を持っている。

　病院には、医薬品や医療材料、食料品や日用品などが毎日のように運ばれているが、これらの搬入が滞ると医療行為に差し障りが出てしまう。それくらいロジスティクスというものは、病院にとって重要なのである。

2 サプライチェーンと病院のロジスティクス

サプライチェーン（Supply Chain）とは、「原材料の調達から生産と流通を経て消費に至るプロセスを複数の鎖に見立てたもの」である。病院に関わるサプライチェーンを品目別（医薬品、医療材料、食料品）に例示すると、図表2-4-1となる[1]。

病院のロジスティクスとは、「医療看護に必要な物品と患者や病院のスタッフに必要な物品の調達・加工・使用・廃棄の活動」である。そして、ロジスティクスには6つの物流機能（輸送、保管、流通加工、包装、荷役、情報）がある（図表2-4-2）。

病院のロジスティクスの目的は、「安全で信頼性の高い医療をサポートし、病院の経営競争力を強化すると共に病院の価値と信頼性を高めること」である。

このための具体的な方法は、第1に、ムダな作業や在庫の削減など「ロジスティクスの効率化」である。第2に、患者満足度を高める「患者サービスの高度化」である。第3に、他の病院や企業と連携し、コミュニティの発展に寄与する「病院と地域とのネットワーク化」である。

図表2-4-1　病院を中心としたサプライチェーンとロジスティクス

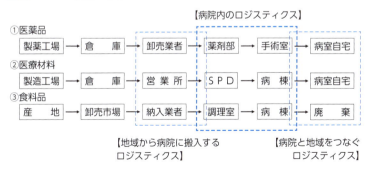

図表2-4-2 病院のロジスティクスの定義・目的・方法

定義：医療看護と、患者や病院スタッフに必要な物品の、調達・加工・使用・廃棄
　　　の活動である。
　　　この時、6つの物流機能（輸送、保管、流通加工、包装、荷役、情報）があ
　　　る。
目的：安全で信頼性の高い医療をサポートし、病院の経営競争力を強化すると共に、
　　　病院の価値と信頼性を高めること。
方法：1）ムダな作業や在庫の削減など「ロジスティクスの効率化」
　　　2）患者満足度を高める「患者サービスの高度化」
　　　3）他の病院や企業と連携し、コミュニティの発展に寄与する「病院と地域
　　　　　のネットワーク化」

病院のロジスティクスの効率化と高度化

1 ロジスティクスの効率化と高度化

　ロジスティクスを改善する時には、効率化と高度化という用語がしばしば使用される（図表2-4-3）[2]。

　効率化とは、「作業時間や作業工数の短縮、作業ミスの削減など、業務のムダやムラを『減らすこと』」である。このために、「物品の数量・品質・位置の管理と、作業の時間・工数の管理」を行う。

　高度化とは、「物品やサービスの内容を、より使いやすく便利なものへと付加価値を『高めること』」である。このために、「物品やサービスに関する荷役・加工・組合せの管理と、作業の内容の管理」を行う。

2 ロジスティクスの効率化

　ロジスティクスの効率化とは、工場や倉庫を例に示すと、5つの作業（発注、入荷、保管、受注、配送）の短時間化、省力化、省資源化を図ることである。具体的には、発注管理では発注ミスの削減、入荷管理では不良品率の削減や入荷時刻の厳守、保管管理では在庫

図表2-4-3　病院における物品別のロジスティクス（東大病院の事例）

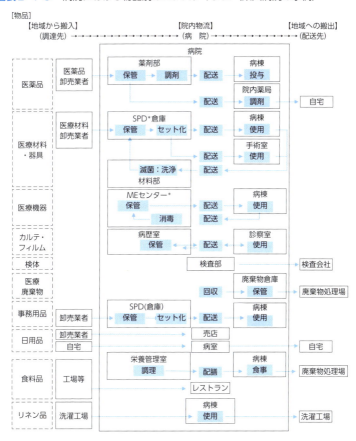

* SPD：供給加工配送センター（Supply Processing and Distribution）
* MEセンター：医療機器センター（Medical Equipment）

回転率やピッキングミス、欠品率の改善、受注管理では受注エラーの削減、配送管理では定時到着率や誤配率の改善などである。

　これを病院の医薬品に当てはめてみると、医薬品や医療材料の受発注管理、正確な入荷管理、医薬品の安全で正確な在庫管理、医師

図表2-4-4 医薬品における効率化の対象となるロジスティクスの作業

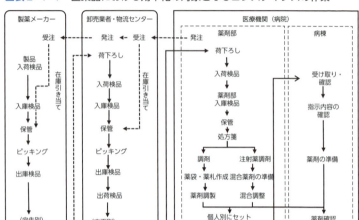

出典：日本製薬団体連合会「医薬品業界における電子タグ実証実験報告書」をもとに作成

の発注に基づく患者別処置セット化と品質管理、病棟への医薬品や医療材料の病棟への確実な搬送管理ということになる。

　病院におけるロジスティクスの効率化とは、これらの作業の短時間化や省力化と、正確な管理の実現である。例えば薬剤部では、入荷検品、調剤、セット化、運搬などの作業がある。医療材料についても、発注、入荷、保管、受注、搬送の作業がある（図表2-4-4）[3]。

3　ロジスティクスの高度化

1．病院のロジスティクスの高度化

　病院業務のうちロジスティクスに関係する業務には、物品管理（医薬品・医療材料など）、患者給食、患者搬送などがある。ここで

図表 2-4-5　物品管理を例にしたロジスティクスの高度化

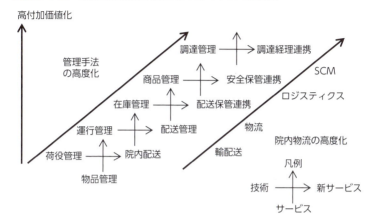

図表 2-4-6　病院のロジスティクス高度化の例

荷役管理：医薬品・医療材料、患者用食事、日用品の病院内搬送。 　　　　　病院内搬送の機械化や省力化。
運行管理：医薬品・医療材料、食料品、日用品などの病院へ配送の管理。 　　　　　卸売業者による共同配送。病院による引き取りのための集荷。
在庫管理：医薬品・医療材料などの入庫・在庫・出庫管理。 　　　　　薬剤部やSPDなどでの効率的な在庫管理。
商品管理：医薬品・医療材料など、温湿度管理や危険物管理。 　　　　　薬剤部やSPDなどでの安全管理。
調達管理：医薬品・医療材料などの、治療や手術と連携した調達管理。 　　　　　薬剤部やSPDなどでの、治療や術式に対応したセット化など。

は、院内の物品管理を例にして、ロジスティクスの一般的な管理手法の高度化を荷役管理、運行管理、在庫管理、商品管理、調達管理として見ると、病院内のロジスティクスの高度化は、次のように考えることができる（図表2-4-5、図表2-4-6）[4]。

物品管理において、荷役管理では、医薬品・医療材料、患者給食、日用品の病院内搬送を管理する。これらの病院内搬送を機械化することで、効率化・省力化を図ることができる。

運行管理では、医薬品・医療材料、食料品、日用品などの病院への配送状況を管理する。医薬品・医療材料には、緊急配送がつきものではあるが、緊急時以外は適切な運行管理を行うことで病院経営の効率化が可能となる。

在庫管理では、配送と保管の連携を図る。これにより、医薬品・医療材料などの入庫・在庫・出庫管理の確実化と効率化ができ、薬剤部や医療材料倉庫などでの効率的な在庫管理が実現できる。

商品管理では、医薬品・医療材料などの物品そのものの温湿度管理や危険物管理を行う。薬剤部や医療材料倉庫などでの安全管理と連携することで、より安全を確保できる。

調達管理では、治療や手術と連携して医薬品・医療材料などの調達と供給を管理する。現在でも、薬剤部や医療材料倉庫などでの、治療や術式に対応したセット化などは導入されている。今後はこれらの方式がより進化し、セット化した物品を院外から調達するケースも増えていくと考えられる。

2．ロジスティクスによる患者サービスの高度化

通院・入退院時と入院中の患者に対して生活行動を支援する患者サービスは、単身世帯や通院弱者の増加している現在、病院にとっても重要な課題である。この患者サービスの高度化には、運搬代行、配送代行、食事管理、遠隔診療がある（図表2-4-7、図表2-4-8）。

運搬代行とは、荷物の運搬や荷づくりの代行である。移動できない入院患者に代わって、日用品を買い求め届けるサービスもある。

配送代行とは、入退院時の患者の手荷物を物流事業者が代行して運ぶサービスである。通院時の医薬品の配送もある。

食事管理とは、入院患者と共に在宅患者にも行うサービスである。病院の管理栄養士によってエネルギーや栄養成分が管理された食事（療養食）の宅配もある。

図表2-4-7 ロジスティクスによる患者サービスの高度化

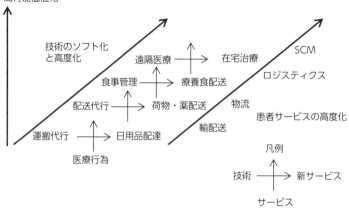

図表2-4-8 患者サービスの高度化の例

```
運搬代行：入院中の日用品の調達補助。
配送代行：入退院時の手荷物の配送（東大病院の「手ぶら入退院パック」）、
　　　　　患者による医薬品の配送（東大病院の「お薬宅配パック」）。
食事管理：病院の管理栄養士による栄養成分が管理された宅配。
遠隔診療：医薬品・医療材料など、温湿度管理や危険物管理。
　　　　　病院による医薬品の配送（遠隔診療による医薬品の送付）。
```

　遠隔診療とは、医師が患者と対面することなく、通信技術を通じて診療するものである。病院での外来診療では、通院弱者にとって不自由であり待ち時間が長くなることもある。在宅診療では、医師の移動時間が非効率な時もある。そこで慢性患者の場合、部分的に遠隔診療を加えることで、医療の効率化と患者サービスの向上が可能となる。この場合、医薬品の宅配などのロジスティクスの向上を加えることで、医療の質の向上にもつながる。

地域から病院に搬入するロジスティクス（調達物流）

1　地域から病院に搬入するロジスティクスの実態

1．医療看護のための搬入物品

　医療看護のために日常的に搬入される物品には、医薬品（注射薬、内服薬、外用薬、輸液類、院内投与薬、試薬、消毒試薬など）、医療材料・器具（チューブ・カテーテル、手術用織布など）、検体（血液・組織）や検査キットなどがある（図表2-4-9の①）。

　また、開院時や設備更新時には、医療機器（画像診断システム、処置用機器など）が搬入される。

2．患者やスタッフのための搬入物品

　患者や病院スタッフのための搬入物品には、事務用品（書類、筆記用具、ファイルなど）、日用品（衣料品、日用品、洗面用具など）がある。次に入院患者用の食料品（食材、飲料品、加工食品など）

図表2-4-9　病院に搬入される物品（調達物流）

```
①　医療看護のための搬入物品
　1）医薬品（処方薬、輸液類、院内投与薬、試薬、消毒試薬など）
　2）医療材料・器具（チューブ・カテーテル、手術用織布など）
　3）医療機器（画像診断システム、処置用機器、生体補助機能など）
　4）カルテ・フィルム
　5）検査用物品（検体〔血液・組織〕、検査キットなど）

②　入院患者や病院スタッフの日常生活のための搬入物品
　1）事務用品（書類、筆記用具、ファイルなど）
　2）日用品（衣料品、日用品、洗面用具など）
　3）食料品（食材、飲料品、加工食品など）
　4）リネン類（布団・毛布・シーツ、白衣・ユニホームなど）
　5）郵便・宅配便
　6）入院患者の荷物
```

やリネン類（布団・毛布・シーツ、白衣・ユニホームなど）がある（図表2-4-9の②）。

　また、不定期ではあるが、郵便・宅配便、入院患者の荷物もある。

3. 病院への物品搬入の実態（東大病院の事例）

　東大病院の搬入物品の比率は、医薬品20.7%、医療材料21.2%、食料品29.5%、日用品16.2%、不明10.4%であった。届け先は、SPD*16.0%、レストラン14.9%、売店11.7%、薬剤部9.6%、栄養管理室4.3%、病院全体2.7%、研究等2.1%、その他20.2%、複数回答8.0%、不明30.8%であった[5]。

　東大病院では医薬品・医療材料と共に、食料品・日用品が多い。これは入院患者が多いことに起因していると考えられる。

2　地域から病院に搬入するロジスティクスの改善

1. 医療看護のためのロジスティクスの効率化

　医療看護のためのロジスティクスの効率化には、3つの方法がある（図表2-4-10の①）。

　第1は、適切な在庫管理に基づく「発注の効率化」である。地域にある倉庫から医薬品や医療材料などを病院に届けてもらう時、病院が適正在庫を維持して、緊急配送や多頻度納品を排除できれば、欠品を防ぐと同時に在庫コストも抑制できる。

　第2は、物品納入改善による「配送の効率化」である。近隣の病院や系列の病院と協調して荷受け時間を調整することができれば、納入時の積載率向上や台数の削減なども可能となる。

　第3は、搬入物品の「荷受けの効率化」である。大都市の高層ビ

---

*SPD：「Supply Processing and Distribution」の略。病院内において使用される物品を集中管理して計画的に供給するため、中央倉庫や中央材料室などの供給部門を集約して、物品の搬入・検収・使用・供給・保管・配送を管理する部署。

図表2-4-10　病院に搬入するロジスティクス（調達物流）の改善

---

① 医療看護のためのロジスティクスの効率化
　1）発注の効率化（在庫管理の厳密化、計画的な調達）
　2）配送の効率化（共同購入と共同配送、巡回集荷など）
　3）荷受けの効率化（SPDや倉庫での一括荷受けなど）

② ロジスティクスによる患者サービスの高度化
　1）入退院時の荷物の宅配サービス（手ぶら入退院パック）
　2）入院・介護用品セット（入院時必要物品のセットサービス）

③ 病院と地域のネットワーク化
　1）配送の効率化（納入業者による共同配送や統合納品）
　2）巡回集荷（他病院と共同で、医薬品などの自らの集荷）

ルでは、効率化とセキュリティー確保のために、多くの納入業者が持ち込む多様な物品を荷さばき場で一括して受け取り、顧客別にまとめて共同配送している。同じように病院でも、SPDや倉庫に納入される物品を一括で荷受けできれば、作業の効率化が期待できる。

2．ロジスティクスによる患者サービスの高度化

　地域から病院への患者サービスの高度化には、2つの方法がある（図表2-4-10の②）。

　第1は、「入退院時の荷物の宅配サービス」である。病院への入退院は、パジャマや下着などの衣料品、タオルや歯ブラシなどの日用品を持参するので、小さな引っ越しのようなものである。そこで、東大病院が実施した「手ぶら入退院パック」のように、宅配便業者に荷物を配送してもらえば、患者の負担を小さくできる。ただし、配送の時間帯や経路の設定、配送担当者の健康チェックなどを行う必要がある。

　第2に、「入院・介護用品セット」の販売である。例えば、入院時に必要な日用品として、パジャマと下着のセット、歯ブラシや歯みがき粉、タオルなどのセットを病院の売店で購入できるようにす

れば、自ら持参する必要もなく身軽なまま入院できる。

３．病院と地域のネットワーク化

病院と地域のネットワーク化には、２つの方法がある（**図表2-4-10の③**）。

第１は、「配送の効率化」である。納入業者による共同配送（複数業者による病院への共同配送）や、統合納品（代表的な業者による他の業者も含めた一括納品）により、配送車両台数を減らすことができる。

第２は、「巡回集荷」である。納入物品を病院が自ら引き取ることで、調達・輸送・在庫を一貫して管理でき、ムダが削減できる。

病院内のロジスティクス（院内物流）

1　病院内のロジスティクスの実態

１．医療看護のロジスティクスの実態

病院内では、医薬品・医療材料や医療機器などのロジスティクス（受発注、輸送・保管など）が日常的に行われている（**図表2-4-11の①**）。

具体的には、医薬品は「薬剤部保管→調剤→病棟→投与・持ち帰り」であり、医療材料・器具は「SPD倉庫→セット化→配送→処置→洗浄」である。医療機器は「MEセンター保管→配送→使用→消毒」であり、カルテ・フィルムは「保管室→配送→診察室→返却」である。

また、検体は「採血室→検査室または外部検査会社」であり、医療廃棄物は「病棟での使用→廃棄物倉庫に回収→廃棄」である。

第４章　地域をカバーするロジスティクス　　**181**

図表2-4-11　病院内のロジスティクス（院内物流）の実態

① 医療看護のためのロジスティクス
　1）医薬品（薬剤部保管→調剤→病棟→投与・持ち帰り）
　2）医療材料・器具（SPD倉庫→セット化→配送→処置→洗浄）
　3）医療機器（MEセンター保管→配送→使用→消毒）
　4）カルテ・フィルム（保管室→配送→診察室→返却）
　5）検体（採血室→検査室または外部検査会社）
　6）医療廃棄物（病棟での使用→廃棄物倉庫に回収→廃棄）

② 入院患者や病院スタッフのためのロジスティクス
　1）事務用品（SPD倉庫→セット化→配送→診察室・病棟）
　2）日用品（自宅・売店→病室→自宅）
　3）食料品（栄養管理室・レストラン→調理→配送→病室）
　4）リネン類（外部工場・倉庫→病棟→外部工場・倉庫）
　5）郵便・宅配便（郵便局・宅配便センター→配送→病室）
　6）入院患者の荷物（自宅→病棟・病室→自宅）

2．患者やスタッフのためのロジスティクスの実態

　入院患者や病院スタッフが使用する事務用品は「SPD倉庫→セット化→配送→診察室・病棟」であり、日用品は「自宅・売店→病室→自宅」である。また、食料品は「栄養管理室・レストラン→調理→配送→病室」、リネン類は「外部工場・倉庫→病棟→外部工場・倉庫」、郵便・宅配便は「郵便局・宅配便センター→配送→病室」である（図表2-4-11の②）。

　そして、入院患者の荷物は「自宅→病棟・病室→自宅」と移動する。

2　病院内のロジスティクスの改善

1．医療看護のためのロジスティクスの効率化

　医療看護のためのロジスティクスの効率化には、4つの方法がある（図表2-4-12の①）。

　第1は、SPDなどでの「流通加工（仕分け、セット化）の効率化」である。

図表 2-4-12　病院内のロジスティクス（院内物流）の改善

---

① 医療看護のためのロジスティクスの効率化
　　1）流通加工の効率化（SPDでの仕分けセット化、院内搬送など）
　　2）在庫管理の効率化（物品物流管理システムの導入）
　　3）委託在庫の効率化（医療看護に差し支えない範囲の在庫削減）
　　4）物流動線の改善による効率化（駐車場、バリアーフリーなど）

② ロジスティクスによる患者サービスの高度化
　　1）物品調達サービス（入院患者の日用品・嗜好品など）
　　2）生活サービス（入院患者の衣料品の洗濯サービス）

③ 病院内のロジスティクスと地域連携
　　1）アウトソーシング（SPDの導入、業者への外部委託）
　　2）VMIの導入（納入業者による在庫管理と補給）

　SPDの主な作業には、SPD内での作業（在庫管理、仕分け・セット化・配分、箱詰め）と、SPDから手術室や病室までの配送（輸送）がある。SPDを設置することによって、在庫管理の適正化だけでなく、看護師などを物品管理業務から解放することができる。

　第2は、物品物流管理システムの導入による「在庫管理の効率化」である。このシステムを導入することで、医薬品や医療材料の在庫管理、温湿度管理や使用期限管理などを含めた品質管理、病棟への配送管理などの業務の効率化と、診療報酬の入力作業軽減などの効果が見込める。

　東大病院では、「処置オーダーに基づく物品物流管理システム」を開発し運用している。医師は、処置実施日と必要な処置を選択して、使用する医療材料をオーダーする。システムには処置ごとの基本セットがあらかじめ登録されており、それ以外の物品は個々に入力する。加えて、医師は患者の病状に合わせて処置に必要な物品を発注できる。

　この発注オーダーがSPDに届くと、患者ごとにオーダーされた物品をピッキングし、トレイにセットする。トレイには、ガーゼやシ

リンジ、さらに鑷子やペアンなどの鋼製小物も含め、患者の処置に使用する物品一式がパッケージされ、前日までに複数の患者別セットが病棟や診療科別にまとめて病棟に届けられる。処置当日は、医師ないし看護師がそのトレイを持ち、患者のベッドサイドに行く。処置終了後は、医師や看護師が端末から処置内容を入力すると、物品消費管理および医事会計請求情報となる[6]。

第3は、「委託在庫の効率化」である。委託在庫とは、所有権が納入業者のままの物品を病院で在庫することである。使用するまで所有権が移転せず、販売したことにならない。これらは、循環器や脳神経外科などで使用される特定保険医療材料と呼ばれる医療材料が多く、高額なものが多い。

病院にとって委託在庫のメリットは、手術などで使用するまでコストを負担しなくてよいことが挙げられる。しかしその反面、院内の保管スペースを取ってしまうことがデメリットである。また、滅菌有効期限切れなどの場合に納入業者がコストを負担したとしても、結果的に最後は納入価格に転化されてしまう。なぜなら、納入業者の負担が増えれば、そのコストも含めて価格を形成せざるを得ないからである。以上のことから、医療看護に差し支えない範囲に限り、委託在庫は少ない方が望ましい。

第4は、病院内の「物流動線の改善による効率化」である。例えば、病院内での「荷受け場所→SPD・倉庫・調理室→手術室・病棟」という動線の中で、円滑な移動を確保することである。トラックが駐車できる広さと高さのある駐車場、荷役用エレベータの設置、段差の解消など、物流バリアフリーを確保して、円滑な物流動線を設定しておく必要がある。

2．ロジスティクスによる患者サービスの高度化

病院内での患者サービスの高度化には、2つの方法がある（図表2-4-12の②）。

第1は、入院患者の日用品・嗜好品などの販売と、配送としての「物品調達サービス」である。入院患者は、身体が不自由な買物弱者や生活弱者でもあるから、物品の注文ができて、それをベッドまで届けてもらえる仕組みが必要なのである。

第2は、入院患者の衣料品の洗濯などをする「生活サービス」である。入院患者の多くは、洗濯物は家族が持ち帰ることが多いが、核家族や単身世帯も増えている。このため、洗濯をはじめとする各種生活関連サービスを用意して、患者サービスの高度化を図るべきである。

3．病院内のロジスティクスと地域連携

病院内のロジスティクスと地域連携には、2つの方法がある（図表2-4-12の③）。

第1は、「アウトソーシング」である。大きな病院では、SPDにおける医療材料の滅菌処理やセット化などを外部に委託し、委託先の職員を病院内に受け入れている。これは単なるコストダウンだけではなく、業務の効率化という側面もある。一方でSPDのない病院は、医療材料のセット化を病院外の施設に外部委託することで効率化を図ることができる。この場合には、病院と委託先施設の間での確実な情報交換による安全の確保と円滑な配送が不可欠となる。

第2は、物品物流管理システムと連動した「VMI（Vendor-Managed Inventory）の導入」であり、前出の委託在庫に代わるものである。VMIとは、「納入業者があらかじめ取り決めた範囲で、販売先の在庫管理を行いながら在庫を補給する方法」である。この時、先に示した病院の物品物流管理システムを拡大して、地域の納入業者と連携した在庫管理と在庫補給ができれば、省力化と効率化につながる。すでにVMIを導入済みの医療機関もあるが、VMIは回復期や慢性期の病院と介護施設で導入しやすいと思われる。

第4章　地域をカバーするロジスティクス　**185**

病院と地域をつなぐロジスティクス（地域物流）

1 病院と地域をつなぐロジスティクスの実態

1．医療看護による搬出物品

医療看護により搬出される物品には、3つある（図表2-4-13の①）。

第1は、外来患者が持ち帰る「処方薬」である。外来患者は、来院してから処方箋をもらい、病院近くの薬局で医薬品を購入して自宅に持ち帰る。

第2は、「検体」である。大きな病院では院内の検査部門で検査するが、小さな病院は検査機関に依頼するため検体を発送している。

第3は、「廃棄物」である。病院には、日用品や食料品などの一般廃棄物以外にも、産業廃棄物や感染性廃棄物がある。このため、専門業者に依頼して廃棄することが多い。

2．入院患者や病院スタッフによる搬出物品

入院患者や病院スタッフによる搬出物品には、2つある（図表2-4-13の②）。

第1は、「患者の日用品」である。入院患者が退院する時には、

図表2-4-13　病院から搬出される物品（地域物流）

```
① 医療看護による搬出物品
  1）外来患者が持ち帰る処方医薬品
  2）検体（血液・組織、検査用機器・試薬、検査キット）
  3）廃棄物（一般廃棄物、産業廃棄物、感染性廃棄物など）

② 入院患者や病院スタッフによる搬出物品
  1）日用品（衣類、洗面用具など、退院患者の荷物）
  2）リネン類（布団・毛布・シーツ、白衣・ユニホームなど）
```

入院中に使用した衣類や生活用品などを持ち帰ることになる。

第2は、「病院のリネン類」である。病院の布団・毛布・シーツ、白衣・ユニホームなどは、定期的に洗浄・消毒するために、院外に持ち出される。

2　病院と地域をつなぐロジスティクスの改善

1．医療看護のためのロジスティクスの効率化

医療看護のためのロジスティクスの効率化には、2つの方法がある（図表2-4-14の①）。

第1は、「検査委託の効率化」である。一般の病院が検体検査などを外部委託する時、地域の他の病院と共同で委託すれば、価格交渉だけでなく、ムダのない配送を実現することでコスト削減にもつながる。

第2は、「廃棄の効率化」である。医療廃棄物の業者委託において、近隣の病院と共同で契約することにより、輸送の効率化と同時に費用削減の可能性がある。

図表2-4-14　病院と地域をつなぐロジスティクス（地域物流）の改善

```
① 医療看護のためのロジスティクスの効率化
  1）検査委託の効率化（他の病院との共同発注など）
  2）廃棄の効率化（他の病院との共同処理、共同廃棄など）

② ロジスティクスによる患者サービスの高度化
  1）入退院時の荷物の宅配サービス（手ぶら入退院パック）
  2）医薬品の宅配サービス（退院時や外来時の処方箋医薬品の宅配）
  3）療養食の宅配サービス（高血圧症患者などへの療養食の宅配）

③ 病院と地域のネットワーク化
  1）地域包括ケアシステム（住まい・医療・介護・予防・生活支援）
  2）通院時の交通手段の確保（病院バス、コミュニティーバス）
```

２．ロジスティクスによる患者サービスの高度化

　地域をつなぐ患者サービスの高度化には、３つの方法がある（図表2-4-14の②）。

　第１は、「入退院時の荷物の宅配サービス」である。入院時と同様のサービスが、退院時にも用意されることが望ましい。

　第２は、「医薬品の宅配サービス」である。退院時や外来時に処方薬を、薬局で受け取ってから宅配便に頼む方法が一般的であるが、薬剤師が処方薬を患者宅に配達している例もある。先進的な事例としては、東日本大震災前の福島県葛尾村において、遠隔診療により医師が処方箋を出し、これをもとに薬局から薬を受け取った郵便局員が患者の自宅に配達していた例がある。

　2018年度診療報酬改定では、遠隔診療の適用が広げられることから、将来的に医薬品や医療材料の宅配サービスが拡大する可能性は高い。

　第３は、「療養食の宅配サービス」である。高血圧症患者には、塩分などを控えた食事がふさわしい。そこで、病院と提携した外食業者が、患者の病状に合わせた療養食を作って宅配すれば、患者や家族の負担も軽くなる。

３．病院と地域のネットワーク化

　病院と地域のネットワーク化には、２つの方法がある（図表2-4-14の③）。

　第１は、「地域包括ケアシステム」である。これは厚生労働省が推進しているもので、「住まい・医療・介護・予防・生活支援が一体的に提供されるシステム」として、医療（病院、診療所）、介護（在宅系サービス、施設系サービス）、生活支援・介護予防（自治会、ボランティアなど）を地域で連携して進めようというものである。

　地域の病院は、かかりつけ医と連携して、例えば地域包括ケア病棟において入院診療を受け持つことになるため、病院と地域の間で

のロジスティクスの連携も深まって、効率化と同時に患者サービス
の向上も期待できる。

第2は、「通院時の交通手段の確保」である。患者の中には、歩
行困難な人や運転免許証を所持していない人もいれば、公共交通機
関が少ない地域に住んでいる人もいる。このため、通院用の病院バ
スや病院に立ち寄る買い物バス、自治体のコミュニティーバスなど
の充実が求められる。

災害に備える病院のロジスティクス

1　ロジスティクスの災害対策の必要性

患者の生命をあずかる病院は、医療・看護行為の継続のために、
医薬品・医療材料の欠品を避けなければならない。しかし災害時は
被災により多くの傷病者が発生することが予想され、より多くの医
薬品や医療材料が必要になる。一方で、電気などのライフラインが
断絶したら、たとえ物品があっても治療や処置ができなくなってし
まう。

このため病院においては、物品（医療看護用物品、生活用物品な
ど）とライフライン（水道、電力、燃料など）、どちらについても、
ロジスティクスの視点からBCP（Business Continuity Planning：
事業継続計画）が必要となる（**図表 2 - 4 -15**、**図表 2 - 4 -16**）。

2　病院の災害対応の実態

1．病院の医薬品の在庫の実態

多くの病院には、1週間から2週間分の医薬品の在庫があるとさ
れている。しかし災害が発生すれば、救急初療に必要となる医薬品
や医療材料の量が飛躍的に増えるため、在庫が尽きてしまうことも
十分考えられる[7][8]。

第4章　地域をカバーするロジスティクス　　**189**

図表2-4-15 時間軸で示す3つの段階

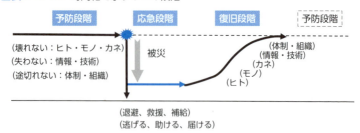

図表2-4-16 災害対策の3つの効果

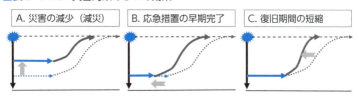

また、製薬会社の倉庫には4か月から6か月分の在庫があるとされているが、トラックやドライバーを用意できなければ輸送できないこともあり得る。さらに、被災によって原材料や包装資材が不足すれば、医薬品の生産ができないことも考えられる。

2．ライフラインの復旧の実態

過去の地震被害の復旧過程を見てみると、ライフラインの破断を想定して、非常用電源の確保と共に上水の確保が極めて重要であることが示唆されている[9]。

東日本大震災では、電気の停止戸数は190万戸だったが、約1週間後には90％が復旧した。水道の停止戸数は震災後5日目がもっとも多く約90万戸であったが、復旧に手間取り4日目以降は電気の停止戸数を上回っていた。

ガスは3日目の約40万戸が最多で復旧するのも遅かった。この

差は、地上の電線と地下埋設物の違いにあると考えられる。

3　ロジスティクスから見た病院の災害対策

1．災害時の病院への物資補給対策

　物品とライフラインに関して、ロジスティクスから見た病院の災害対策は、「補給（輸送）」と「備蓄（在庫）」である。備蓄は病院単独で意思決定できるが、補給は病院だけではできないので、政府・自治体、民間企業と連携して対策を考える必要がある[10]。

　病院への物資補給対策には、3つの方法がある（**図表2-4-17**の①）。

　第1は、一斉行動開始のための「シグナル（合図）」である。つまり、災害時に直ちに行動を起こせるように、病院は製薬会社や卸売業者などと段階別のシグナルを設定し、あらかじめ「どこに何をどのくらい運ぶか」という行動指針を決めておく。

　第2は、被災者に必要な「物資のセット化」である。被災後に必要な物資は被災状況（津波、火災など）によって異なるので、事前に災害の種類別規模別に「緊急支援の医療用物資のセットの一覧表」

図表2-4-17　病院のBCPと災害対策

```
①　災害時の病院への物資補給対策
　1）一斉行動開始のための「シグナル（合図）」
　2）被災者に必要な「物資のセット化」
　3）被災地のニーズを想定した「プッシュ型補給」

②　災害に備える物資備蓄対策
　1）消費分を購入して在庫を追加する「ローリングストック（回転備蓄）」
　2）飲料水や食料品と、ライフライン維持のための「備蓄」

③　災害対策と地域連携
　1）他の病院や診療所との、患者や傷病者の「相互受け入れ体制」
　2）他の病院や診療所との、病歴などの「患者情報の共有」
　3）他の病院や企業等との、医薬品等の「在庫情報の連携」
```

第4章　地域をカバーするロジスティクス　191

を作成しておき、被災地外での仕分けや配分作業によりセット化した物資を被災地に補給する。

第3は、被災地のニーズを想定した「プッシュ型補給」である。災害が起きた時は、情報伝達手段が途絶することもあるので、被災者のニーズを的確に把握することが難しいこともある。そのため、被災状況をもとに被災者数や医薬品の必要量を想定して、医薬品や医療材料を送り込む。

2．災害に備える物資備蓄対策

災害が起きると、原材料の不足による工場での生産中止や、卸売会社の倉庫の被災などにより、調達・生産・流通・消費をつなぐサプライチェーンが断絶することが予想される。また、製品を確保できたとしても、道路の未啓開、トラックや運転手の不足、燃料の不足、作業する人や場所の不足、荷役作業のノウハウ不足、薬剤師や危険物取扱者の要員不足、水道や電力などのライフラインの破断なども起きる可能性がある。

すなわち、「補給」を行うには、これらの困難な要件を満たす必要があるからこそ、多少のコストアップになるとしても、最終消費場所である病院において、医薬品や医療材料、自家発電用燃料などを「備蓄」しておく必要がある。

備蓄対策には、2つの方法がある（図表2-4-17の②）。

第1は、必要な物品の「ローリングストック（回転備蓄）」である。ローリングストックとは、平常時において災害用の在庫も含めて順次使用し、消費した分を購入して在庫を追加する方法である。例えば、「災害時の救急初療に必要な医薬品や医療材料の量」を算定し、これに「通常の医療看護行為で使用する量」を加えて在庫し、古いものから使用して、「災害時の物資」を備蓄しておくのである。

第2は、飲料水や食料品と、ライフライン維持のための燃料の「備蓄」である。水道や電力などの遮断が起きれば医療看護が停滞

し、入院患者の生活も維持できなくなるため、飲料水や食料品の備蓄と自家発電装置の燃料の備蓄が必要である。

3．災害対策と地域のネットワーク化

　病院の災害対策では、補給対策も備蓄対策も、地域の自治体や民間企業との連携が必要である。この場合の地域連携の対策は3つある（図表2-4-17の③）。

　第1は、地域における病院や診療所における患者や傷病者の「相互受け入れ体制」である。災害により急増する患者や傷病者を、医師や看護師の人数、ベッド容量、病気やケガの程度に合わせ、地域の病院や診療所で協力して受け入れることである。

　さらには、遠隔地の病院と連携し、どちらかが被災した時に医薬品や医療材料を供給し合うことや、医師や看護師などのスタッフを派遣し合うことが考えられる。

　第2は、地域における病院や診療所と介護施設との「患者情報の共有」である。医療機器やカルテでICT化が進んでいるため、病院の電源が喪失して患者のカルテが確認できない時は、病歴が不明なまま治療を行わなければならなくなる。このため、プライバシーの保護を前提に、患者の基本情報を地域の病院で共有したり、遠隔地の病院と広域連携をして情報をバックアップする方法がある。

　第3は、病院や企業等との医薬品等の「在庫情報の連携」である。平時は在庫削減が病院経営に有効だったとしても、有事には在庫がなければ、確実で十分な医療をすることはできない。しかし、複数の在庫拠点を設けてリスク分散を図っている製薬会社とは異なり、病院が薬剤部やSPDを複数設けることは現実的にできない。

　そこでリスク回避のために、地域の製薬会社や医療材料会社と災害協定を締結することや、診療所や介護施設との間で在庫情報を共有することを検討すべきである。

第4章　地域をカバーするロジスティクス　　**193**

おわりに

　ロジスティクスの視点から病院経営を考える時は、「平時には効率的で、有事にも有効」でなければならない。近年、「ギリギリであることが、ムダもなく効率的である」といった風潮があるが、患者の生命をあずかる病院において、医薬品や医療材料が欠品する状況は許されない。

　だからこそ、病院は地域と連携しながら、効率的でゆとりのあるロジスティクスの構築を通じて、社会的な使命を果たすことが重要であると考えている。

参考文献

1) 苦瀬博仁編著：サプライチェーン・マネジメント概論、白桃書房、pp1-35、2017
2) 苦瀬博仁編著：病院のロジスティクス、白桃書房、pp37-44、2009
3) 2) と同じ、pp89-93
4) 2) と同じ、pp45-51
5) 2) と同じ、pp53-72
6) 2) と同じ、pp116-132
7) 石川友保、他：病院において震災時の救急初療に必要な医薬品の量の推計方法に関する基礎的研究、日本物流学会誌第15号、pp129-136、2007
8) 石川友保、他：地震発生後の時間経過に伴う病院で必要な医療用物資の種類の違いに関する研究、日本医療・病院管理学会誌、vol.46No.3、pp25-34、2009
9) 山田龍敬、苦瀬博仁：東日本大震災発生後の道路・鉄道・港湾・空港およびライフラインの復旧経過と被災地で必要とした物資の品目に関する研究、日本物流学会誌、第20号、pp213-220、2012
10) 梶秀樹・和泉潤・山本佳世子編著：第11章災害のロジスティクス計画－生活物資の補給・備蓄と都市防災計画－（担当、苦瀬博仁）、技報堂出版、pp195〜210、2017

◆苦瀬博仁（くせ・ひろひと）略歴

1973年、早稲田大学理工学部土木工学科卒業。1981年、早稲田大学大学院博士課程修了（工学博士）。日本国土開発株式会社技術研究所研究員、東京海洋大学（2003年4月より大学統合により東京商船大学から改称）教授、同大学理事副学長などを経て、2012年、東京海洋大学大学院海洋科学技術研究科教授。2014年より、流通経済大学流通情報学部教授、東京海洋大学名誉教授。『サプライチェーン・マネジメント概論』（白桃書房）、『病院のロジスティクス』（白桃書房）、「ロジスティクス概論」（白桃書房）、「都市の物流マネジメント」（勁草書房）、「ロジスティクスの歴史物語」（白桃書房）など、著書多数。

補足

経済的メリットを
創出するためのアプローチ例

エム・シー・ヘルスケア株式会社
病院の経営を考える「本」
タスクフォース

経済的メリットとは

病院経営を取り巻く環境は、ますます厳しさを増している。地域における医療提供体制の見直しの一環として、機能分化と連携を目指して地域医療構想が策定され、自院の立ち位置の見直しが必要になっている。診療報酬改定では、病院が果たしている役割に応じた評価がさらに進んでおり、提供している機能と自院の資源配分がマッチしていないと収入も利益も減ってしまう流れに進んでいるのが現状だ。

経営をよくするためには、「収入を増やす」と「費用を下げる」の2つの切り口があり、収入も費用も個別の財・サービスの「単価×数量」の合計で構成される。

医療の高度化に伴い、購入する薬剤、医療材料、医療機器の価格は上昇傾向にあり、急性期の度合が高いほど、その傾向は強くなる。弊社にも、「医療材料費率が上昇した。理由を分析したい」「医療材料購入額が前年比で大きくふくらんでいる。要因は何か」というような相談が多く寄せられている。

費用を下げる手段として、購入する財・サービスの単価を下げることは重要であるが、どのくらいの費用をかけてその活動をするのか、使用数量が増えないか、収入への影響がないか等に注意が必要となる。単なる価格削減活動ではなく、「病院の経営をよくする」

196　第2部　地域ヘルスケア基盤 実現のための手法

という目的につながる活動でなければならない。そのためには、財・サービスの特性、品質、生み出す価値をしっかりと理解する必要がある。

1 費用と投資の違い

どんな活動でも継続するためにはお金がかかり、リソースを割かずに成果は得られない。そこで、活動のための支出は単なる「費用」なのか将来に向けた「投資」なのか、どちらの観点で支出しているのかという点が重要となる。例えば、商品の単価を下げるためには、同種同効品に切り替える方法があるが、それに要する手間（サンプルテスト、評価、切り替え時の対応）以上の成果が出ているのかを見極める必要がある。成果は具体的な経済的効果のみならず、コスト意識や組織力向上という要素もある。

費用なのか投資なのかの違いを意識することで、投資以上のリターンを得られる活動を見極め、どれだけの成果を出しているのかをしっかりと追うことが可能となる。また、成果を出せていない時には、何らかの対策を行うことができる。例えば、計画的な人材育成、足りないリソースやノウハウの提供を外部から受ける、その活動を停止する、などである。

2 経済的メリットを出すための対象の絞り方

病院の費用の約半分は人件費であるが、これは運用の効率化に関係する仕組みづくりや「働き方改革」で議論されている生産性の議論に任せ、ここでは人件費以外の費用についてふれたい。

病院の目的は「治療すること」であり、診療行為を犠牲にするための経済活動では本末転倒になってしまう。対象となる財・サービスを検討する際には、まずは「治療」に影響がある財・サービスなのか、そうでないのかという点が重要である。そして、誰が、どんな目的で使用する財・サービスなのかによって、価格削減や商品集

約といった取り組みの難易度が変わってくる。

医薬品に関しては、ジェネリック医薬品の推進政策により、使用状況に大きな変化が生じたが、医療材料や医療機器に関しては、商品により活動の難易度が大きく変わる。汎用品は比較的難易度が低いが、使用感が異なり、かつ使用者が多いものほど難易度が上がる。また、医師が使用する特定保険医療材料や医療機器は、使用感だけでなく治療に直結するので、さらに難易度が上がる。

重要なのは、「できることからやる」ことであり、活動を進める上でポイントとなるのは、「エビデンスを元にした情報提示」と「その財・サービスでないといけない理由の確認」である。他施設の使用実績や購入価格の情報があると、取り組みがしやすくなる。使用者の主張や理由を聞き、できるものから取り組むという姿勢で、受け入れられるものは受け入れ、代案を提示できるものは提示する。その活動を継続することにより、取り組みの対象は徐々に拡大できるはずである。

3 情報だけでは価格は下がらない

情報は武器の1つに過ぎない。ほかにも武器はあるし、武器を用意することだけでなく、どう使うかという点も重要となる。そして、武器を組織的に使うことによって、組織としての実行力も上がる。

情報を基にしてメーカーやディーラーと交渉しても、価格が下がる範囲は限られている。購入している価格帯が高ければ、それが適正な水準に近づくことはある。ただ、それ以上に価格が下がることは考えにくい。重要なのは、その武器を誰に対して、どのように使うかという点である。

メーカーもディーラーも価格を下げるメリットや理由がなければ価格を下げない。特にディーラーが持っている値下げ余地は少なく、メーカーと交渉しない限り、大きな成果は得られない。交渉は、お互いに利害が一致する点が落としどころとなる。交渉の具体的な手

法についてはここではふれないが、交渉は自分にも相手にもメリットがあるからこそ妥結する。つまり、譲れる点は譲らなくてはならない。

では、メーカーのメリットとは何か。メーカーは、自社の商品を末永く使ってもらいたいと思っている一方で、自社の商品が使われなくなることを恐れている。つまり、交渉力を最大限に発揮するためには、シェアを動かすことと、一度動かしたシェアを一定期間守る約束をすること、そして信頼関係を崩さないことが重要となる。そうでないと、得られた成果は一時的なものとなってしまう。

メーカーがテーブルについてくれないことには、交渉は始まらない。では、メーカーが交渉の場に出ざるを得ない理由とは何だろうか。それは、メーカーがコントロールしている「壁」を越えて交渉することであり、具体的には、院内の意思決定者を変えること、意思決定のルールを変えることである。これには院内調整が必要となる（他病院と取り組む場合には院外との調整も必要となる）。

ベンチマーク等の情報は、院内コンセンサスを得て、活動に一丸となって向かうための調整ツールであり、このような武器を持っていても、使えなければ成果は出ない。武器の使い方を教えてくれる人や、一緒に武器を持って戦ってくれる人の存在が重要となる。

4 成果の出やすい組織、出にくい組織

病院に勤務している方と話をさせていただくと、経営をよくしたい（収入を増やしたい、費用を下げたい）という個々の問題意識は十分にあるように感じる。ただ、組織としての活動となると、成果の出やすいケースと、出にくいケースがある。両者には、問題意識をどう高め、どう広め、どう続けるか、というステップごとにある「壁」を組織として越えられるのかどうかという点に、違いがあるように感じる。

組織としての活動にするためには、仕組みを構築して運用してい

補足　経済的メリットを創出するためのアプローチ例　**199**

く必要がある。多くの病院で材料委員会を設けているが、弊社の経験では、その運用ルールや体制（商品の採用手続き、代替品の検討、一増一減ルール等が決められ、一定のガバナンスがある状態）がしっかりしている病院は、間違いなく価格削減効果を生み出している。これらのルールが組織内で浸透し、定期的に一定の手順で継続している病院は、継続的な成果が出ている。そして、その活動が経営意識につながり、組織力も高まっているように感じる。

　ここで、弊社担当者が担当病院を変わる際に副院長兼看護部長からかけてもらった言葉を紹介しよう。

　「この前、気になって看護師が1人の患者に使用する留置針の数を調べたら、おたくと契約する前と比べて減っていたの。商品の切り替えや交渉を通じてコスト意識が育ち、もったいないという意識から失敗が減っていたの。おかげで患者さんが痛い思いをすることが減ったのよ。あなたたちがやっていたことは、こういうことだったのね」

活動の拡大──点から面へ

　さらなる経済効果を出していくためには、点から面へと活動を拡げていき、複数の施設、より広い地域での合意形成を行い、購買力を高めていく必要がある。

　地域を拡大すると、購買力のポテンシャルも増えるが、調整の難易度も高くなる。効果が出やすい時期はベクトルを合わせやすいが、取り組みを深めないと新たな効果は逓減していき、それに伴って活動の継続は壁にぶつかりやすくなる。直面する壁を乗り越えるためには、成功事例の積み上げと仕組みの構築をセットとして、一歩ずつ進んでいくしかない。どちらかが弱くなってしまうと、活動の継続が難しくなる。

1 　地域の共同購入

　弊社は、多くの病院から、地域における共同購入の相談を受けてきた。共同購入では、ガバナンスとコンセンサスの課題に必ずぶつかり、なかなか仕組みを構築できない。

　弊社は、院外倉庫型のSPD（Supply Processing and Distribution）業務を行うことにより、近隣の病院の医療材料を一元的に購入している。運用には大きなコストがかかっているが、

・単なる交渉ではなく、当事者として医療材料を調達する
・各病院の担当者が病院職員と一緒になってコンセンサスの醸成に取り組む

という機能により、一定の成果を出すことができた。しかし、それだけでは効果は限られる。ここからは、さらなる効果を出していくためのヒントとなるような事例をいくつか紹介する。

1.「点と点」の事例

事例①　A病院とB病院

　ある地方都市のA病院（700床クラスの公立急性期病院）とB病院（別の経営母体の500床クラスの公立急性期病院）の副院長同士が、同じ出身大学の脳外科の先輩後輩の関係であり、2人の会話の中から、医療材料を少しでも安く買えないかという話題になった。両院の副院長が院長への報告、診療部長への働きかけを実施し、具体的な取り組みが始まった。さらに、A病院の別の副院長とB病院の診療部長が同じ大学医局の同期生であったため、その分野での対象品目の絞り込みと交渉がスムーズに進んだ。メーカーおよびディーラーもこれらの背景を認識していたため、一定の効果を出すことができた。

事例②　C病院とD病院とE病院

　同じ医療圏にあるC病院（400床クラスの公立急性期病院）、D

病院（別の経営母体の600床クラスの公立急性期病院）、E病院（700床クラスの大学病院）は、事務部門を中心に定期的に情報交換会を行っていた。そこで医療材料費の削減が挙げられ、各病院の事務部長の距離感が近かったことにより具体的な活動につながった。3病院で共通するメーカーかつ一定規模の購入額がある商品に絞り、3病院合同でメーカーへの説明会を実施し、個別交渉においては必ず病院経営層が同席するというスキームで進め、各病院から一定の評価をいただける成果を得られた。

2.「小さな面」の事例

　全国展開している経営母体には、地域を統括する部署がある。経営母体の地域統括部門が取りまとめる事例もいくつかある。

事例①　病院グループF

　同じ地方内の公的グループ病院が、商品を絞って共同交渉をした。ある病院の事務部門が取りまとめ役となり、地域のグループ病院と共に活動を推進した。商品はある程度絞り込んでの取り組みであった。

事例②　病院グループG

　公立グループ病院の地方事務所が地域内の病院に声をかけ、参加を表明する病院による共同調達というスキームを実施した。参加病院は500床以上の病院から200床台の病院まで、機能も急性期病院だけではなく、幅広い参加となった。グループ病院の地方事務所がリーダーシップを発揮し、共同購入品の選定、メーカーとの交渉、切り替えの推進を行った。参加病院数や対象品目数が増えると、購買管理の方法や成果の分配がとても重要になる。具体的には、マスターの整理が大変になり、活動が軌道に乗るまで、一定の時間がかかってしまう。また、どうしても調達規模の大きな病院には効果が出るが、小さな病院の効果は限定的となってしまう。段階的にマスターを整備し、取り組み対象を増やしながら一定の成果を出すこと

ができたが、契約期間の終了と共に、個別病院での取り組みとなった。

事例③　病院グループH

　公立グループ病院の地方事務所が地域内の病院に声をかけ、参加を表明する病院に医療機器・備品の共同調達（入札）を行った。参加病院の中には、建替に伴う医療機器・備品を大量に購入する病院もあり、その購買力を活かそうとする試みであった。地域が広く、対象商品も幅広かったため、入札の区分はいくつかに細分化されたが、旧来の流通機能とは違う競争環境が働く取り組みとなった。

＊

　これらの事例では、同じ地域、同じ経営母体、顔を合わせやすい環境など、共同購入を実施しやすい環境は整っている。しかし、推進役のリーダーシップに依存せざるを得ないため、継続することに苦戦する傾向にある。継続性においてぶつかる壁として、成果の逓減による活動意欲の低下、他の業務負荷の上昇による活動の停滞、推進役の人事異動、などがある。仕組みを維持、継続するためには、共同購入のための仕組みをしっかりと構築し、そこにリソース（必要に応じてコンサルティング会社や委託会社との契約等も含む）を割くことが重要となるが、リソースを割く以上、それ以上の成果を出せなければ継続しない。

2　全国の共同購入

　全国の共同購入は、対象となるエリアの広さと参加病院の購買力を活かして、メーカーを土俵に上げることから始まる。購買規模が大きくなるため、得るものだけでなく、失うものの規模も大きくなる。また、対象エリアの広さがディーラーの商圏を越えるため、メーカーが土俵に上がらざるをなくなる。

　全国規模で共同購入を進めるとなると、①経営母体の本部が取りまとめる、②共同購入組織が取りまとめる、の2つのパターンが考

えられる。それぞれの事例を紹介する。

事例①　同一経営母体による全国の共同購入

　全国において、経営母体の本部が取りまとめる事例は過去にいくつもある。医薬品の共同入札はいくつもの経営母体が行ってきている。医療材料については、品目数が多く、メーカー数、商品数も多岐にわたることから、事例としては少ない。医療機器・備品に関しては、放射線機器、ベッド等で行われている。

　医療材料の場合は、その経営母体の中で、対象品を特定の汎用品に絞り込む場合と、対象分野ごとに委員会を立ち上げ、メーカーと交渉する形を取るケースがある。

　放射線機器の場合は、メーカーごとに個別の機能があるため、どうしても機器本体の仕様が細かくなる。さらには画像解析のためのワークステーションやMRIのコイルなど、付属品の仕様も多岐にわたるため、一律の入札仕様を設けにくい。病院のニーズに合った商品の購入と複数会社が参加する入札を両立しようとすると、入札の区分がどうしても細分化してしまう。仕様を標準化して競争環境を大きくするのか、各病院の要望をどれだけ反映するのかにより、購買力が左右されると共に、仕様を固めるために膨大な時間と作業を要するという課題がある。

　民間グループでは、本部が商品選定を行い、まとめて交渉することにより購買力を最大限に発揮する事例もある。各病院には商品の選定権はなく、本部が強いガバナンスを持つ場合のみ実現可能となる。メーカーの立場でも、条件を出せばしっかり評価してもらえるし、後から「あれをしてほしい、これをしてほしい」という追加要望もなく、手離れがよいため条件を出しやすいとのことだ。

　最近では、経営母体全体で放射線医療機器の保守契約をまとめて公募する事例が増えている。

事例②　異なる経営母体による共同購入

　全国において、共同購入組織が取りまとめる事例である。アメリ

カのGPO（Group Purchase Organization）をモデルにしている
場合が多い。ここでは、弊社が事務局機能を受託している一般社団
法人日本ホスピタルアライアンスの事例を紹介したい。

◆日本ホスピタルアライアンス
　一般社団法人日本ホスピタルアライアンス（以下、NHA）の共
同購入は、弊社SPD契約病院数病院の経営者による取り組みから始
まった。アメリカのGPOであるプレミア社と提携し、数病院のト
ライアルを経て、2009年に任意団体として20病院から活動を開始。
2012年に一般社団法人化、2016年からは弊社の契約先以外からの
加盟を開始し、2018年4月現在で全12分野、参加病院数235病院
（病床規模94,279床）に至っている（図表2-5-1）。
　共同購入の成功の重要なポイントは、病院が当事者として取り組
む「病院による病院のための共同購入」、病院とメーカーのWin-
Winの関係、また、弊社を含めてあらゆる企業から中立であること、
である。すべてのメーカーを対象に、加盟病院の代表者で構成する
専門委員会が、経済性、品質、採用性を基準に商品を選定、条件を
決める（図表2-5-2、図表2-5-3、図表2-5-4）。
　メーカーとの条件は、病院が選定品を多く買うほど病院に経済効
果がもたらされ、メーカーは販売量やシェアが増加するように設定
される。現実問題として、取り組み分野による成果のバラツキ、加
盟病院による成果のバラツキはあるが、活動の積み重ねにより、汎
用品を中心に大きく選定品のシェアを動かす実績も出せている（図
表2-5-5）。
　NHAの取り組み分野は、医療材料関連にとどまらず、病院が購
入するあらゆる財・サービスが対象となる。数年前から事務用品、
医薬品、医療機器にも取り組んで成果を上げており、近年は損害保
険や電力も対象としている。また、共同購入以外にも母体の異なる
加盟病院間の知見の共有や相互支援の仕組みを構築し、患者アンケ

図表 2-5-1　NHAの運営理念と方針

■ 運営理念

医療機関の経営基盤強化のため、米国型共同購入モデルを範とした病院による病院のための共同購入を構築し、設立母体の異なる幅広い医療機関の参加を得て、経済効果の高い共同購入を推進する。

■ 運営方針

1. 厳しさを増す経営環境下、経営コストの縮減はすべての医療機関に共通する最優先課題の1つであり単独での購買活動には限界があるとの認識に立ち、経営母体の異なるさまざまな医療機関の購買力を結集し、「病院による病院のための共同購入」を構築して参加病院の継続的な経営コストの縮減に貢献する。

2. 参加病院の代表からなる委員会組織が中心となり、参加病院の合意形成と合意事項に基づき個別病院では得ることのできない経済効果を目指して運営し、その成果を参加病院間で公平に分配する。当面、医療材料と医薬品を対象分野とするが、環境が整い次第、医療機関が購入するさまざまな商品・サービスへ分野を拡大する。

3. 参加病院の経営と診療の改善に資することを目的とし、参加病院間で相互に病院経営、部門運営、診療等に係るさまざまな知見や情報を交換・共有できる場を提供する。

図表 2-5-2　NHA組織図

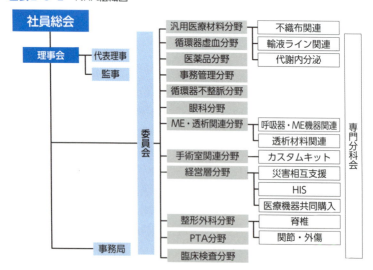

図表2-5-3　NHA組織の全体図

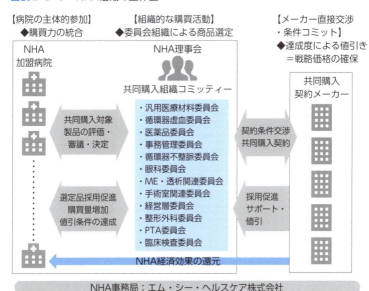

図表2-5-4　NHA総会・分野委員会の開催風景

図表2-5-5　選定品のシェア拡大の例

商品	メーカー	選定前シェア	活動後シェア	増加率
手術用ガウン	A社	2%	75%	4081%
フィルムドレッシング	B社	20%	71%	355%
輸液セット	C社	21%	83%	395%
プラスチック手袋	D社	7%	89%	1271%
薬液ステント	E社	11%	60%	545%
脊椎固定材料	F社	13%	20%	154%

ート（PX）の実施と病院間比較、情報システム投資に関する病院間比較、災害時の相互支援などの取り組みを実施している。

> 一般社団法人 日本ホスピタルアライアンス
> 〒108-0014 東京都港区芝五丁目20番14号 三田鈴木ビル2階
> http://nha-gpo.or.jp/

信頼関係の構築が、共同購入成功のポイント

　共同購入は、目的を実現するための手段である。その目的は、よりよい経営をするためであり、経営の目的は「患者さんによりよい医療を提供し治療すること」「組織として継続すること」となる。

　病院とディーラー、病院とメーカーの信頼関係が構築できなければ、成果は出たとしても一時的なものになってしまう。選定における公平性や公正性、そして、条件を出したディーラー、メーカーを尊重し、約束を守り使用することが継続的な活動につながる。

　本書の第1部で紹介されている事例、あるいは第2部の各手法の事例は、成果を出しながら活動を継続している。そして、過去の活動を通じて構築されてきた信頼関係があるからこそ、活動の継続が成り立っている。

コラム

費用の削減はモノだけでなく工事代も

医療機器の高度化の中で、新たな機器が次から次に発売され、急性期病院では、高度な医療を提供し続けるために定期的に機器更新を行う必要がある。建物の建築サイクルを仮に50年、放射線機器の購入サイクルを10~15年とした場合、建て替えまでの間に4~5回の更新時期を迎える。病院の経営状況によっては、医療機器更新の予算を付けにくい一方で、今後、消費税も上がる。

医療機器の購入費用を下げることも重要であるが、それに伴う工事代もかなりの金額になる。装置の仕様や既設設備の状況にもよるため概算となるが、CTで300~800万円、シールド工事等が必要となるMRIでは900~2,000万円、放射線治療装置等では5,000万円を超えることもある。

医療機器を導入する際に気を付ける点として、しなくてよい工事はしないこと、稼働停止期間を短くし機会損失を減らすこと、が重要となる。

①建築工事（建築、電気、空調、衛生）

工事の中で、高額かつ施工に時間がかかる可能性がある内容を把握し、少しでも減らし、工期を短縮することが重要となる。また、法令対応や院内調整手続きが必要な作業内容を含む工事は、院外、院内ともに調整すべき相手も多くなり、想定より時間がかかるケースも多いので、特に注意が必要だ。

②特殊工事（RFシールド、磁気シールド、防護）

メーカーの機器仕様および設置指針により、シールド等の工事内容や位置、形状が異なる場合があるため、その工事代の差も留意しておきたい。搬入口以外の建具類は既設品をできる限り流用し、重量物は建築構造を配慮し、据付芯を大きく変えない場所に設置するなど、大規模な工事を回避する工夫を検討したい。

さらに、病院の建物や工事技術に詳しい担当者がいれば心強い。しかし、建て替えや工事のタイムスパンが長く、その間に人事異動等もあるため、病院が組織としてノウハウを蓄積することは難しい。

医療機器メーカーは、付帯工事の提案をする際に、院内事情をすべて把握できていないことから、保守的な提案をせざるを得ない傾向がある。院内事情を取りまとめたうえで、メーカーに情報を伝達できれば、工事金額を下げられる可能性がある。

　また、メーカーが工事を請ける場合は、外部からの仕入れに対して、一定の経費を計上している実態もある。

　このような視点で、メーカー・機器仕様による要求設備の違いを把握して適切な改装工事を行い、合わせて工事期間や工事と機器の予算上のバランスを考慮することで、経済効果を出せるはずである。

機器導入時の工事に関する留意点

・既設施設を綿密に調査して現行設備の流用可不可を判定する
・機器配置は遮蔽や重量バランスを考慮して追加補強を避ける
・機器方向、位置等機能上優先されるべき事項を明確に提示する
　（特に既設機器と方向が変わる場合は関係者の合意形成に努める）
・工事区分を明確化する
・特殊な仕様の機器設備をなるべく避けられるよう仕様を調整する
・機種選定の基準に必要改装工事の大小を考慮する
・もっとも工程に影響を与える機器、物品の納品可能日を把握する

第3部

大規模災害に対する備えと発生時におけるマネジメント

(第18回病院の経営を考える会 パネルディスカッションより)

第18回 病院の経営を考える会
パネルディスカッション

大規模災害に対する備えと発生時におけるマネジメント

開催日：2017年6月23日（金）
会場：コクヨホール（東京都品川）

◆パネリスト

東京医科歯科大学大学院医歯学総合研究科救急災害医学分野 教授
大友 康裕

厚生労働省災害派遣医療チーム（DMAT）事務局長
独立行政法人国立病院機構災害医療センター 臨床研究部長
小井土 雄一

石巻赤十字病院 院長
金田 巖

独立行政法人国立病院機構熊本医療センター 院長
髙橋 毅

取材協力：株式会社エム・イー振興協会
※肩書きは2017年6月時点のものです。

大友康裕先生 講演

日本の歴史が物語る地震発生の危険性

　今回のテーマは"災害"であり、災害発生時に病院がどのような対応をすべきか、もしくはその備えはどうあるべきかに関するパネルディスカッションです。本日は、厚生労働省DMAT事務局長の小井土先生、東日本大震災で実際に被害に遭われた石巻赤十字病院の金田院長、熊本地震で被災された熊本医療センターの髙橋院長にご講演いただきます。その前に、私の方から少しお話ししたいと思います。

　熊本地震が2016年4月14日に発生しました。東日本大震災の際に東北に住んでいた人の中には、「もう地震はこりごりだ」という理由で熊本に引っ越ししてきた方がいらっしゃいましたが、またしても地震に遭ってしまったわけです。東北の震災から間もなく国土が大きく移動したわけですが、同震災の翌年の2017年11月に出された資料で、全国活断層のリスク状況を示しています。これによると、「いくつか新しくリスクが高まった活断層がある」と紹介されており、資料をよく見直してみると、熊本は非常にリスクが高いことが、もうこの時に示されていたのです。つまり、日本に住んでいる限り、地震のリスクは回避できないと考えていいのではないかと、私は思っております。

　直下型の地震では、活断層のタイプの地震に加えて海溝型の地震のリスクがあります。東海地震、東南海・南海地震もしくは南海トラフとも呼ばれておりますが、東海地震、東南海・南海地震の3連動の地震は、日本では100年から150年おきに発生していました。3連動の直近の地震は1854年に起きた安政東海地震、その90年後の1944年に昭和東南海地震、1946年に昭和南海地震が起きていま

す。それから今日に至るまで、東海地域にはエネルギーが溜まっているということで、明日、東海地震が起きてもおかしくないと言われ始めてから、もうかれこれ20年、30年の月日が経過しています。

　地震学者の先生方も、「東海地震だけではなく、次に起きる時には3連動なるだろう」と、南海トラフ地震の危険性を指摘しています。

　津波も想定されており、死者の数は最大32万3,000人という、想像もつかない規模の人的被害が想定されています。もっとも、国が何も準備をしていない、もしくは対策意識が低い時に、この数字の被害になると予想されています。例えば津波に対する意識が改善されれば死者が減らせる、建物の耐震化が進めば死者の数を減らすことができるわけで、いろいろと備えをすることで、32万3,000人を6万1,000人にまで減らせると言われています。ただ、それでも6万人という甚大な人的被害が想定されていることに変わりありません。

　図表3-1でご紹介したいのは、西暦800年代の地震の期間、年と場所です。越中・越後地震（863年）、陸奥国地震（867年）、貞観地震（869年）、これらを最近起きた地震と比較すると、現代の地震とぴったり一致します。つまり、中越沖地震（2007年）、岩手・宮城内陸地震（2008年）が起こった後に東日本大震災（2011年）が発生し、そして肥後地震（869年）、熊本地震（2016年）になるわけです。出雲（880年）でも地震が起きていますが、まだ記憶に新しい2016年10月に、鳥取で地震（鳥取県中部地震）がありました。出雲（島根）と鳥取はほぼ同じ地域です。島根や鳥取で起きる地震は、それほど頻度は高くないと思うのですが、800年代はその後に仁和地震（887年）、つまり南海トラフの地震が起きています。

　この887年の仁和地震ですが、実は高知や徳島にはまったく記録が残っていないとのことです。一方で、大阪や兵庫では津波の被害

図表 3 - 1

863年	越中・越後地震	2007年	中越沖地震
867年	陸奥国大地震	2008年	岩手宮城内陸地震
869年	貞観地震（東北沖）	2011年	東日本大震災
869年	肥後地震	2016年	熊本地震
880年	出雲地震	2016年	鳥取地震

887年　仁和地震（南海トラフ・連動型）

仁和地震は、過去唯一地震・津波について高知・徳島に記録・碑文などの情報が残っていない（大阪兵庫では津波被害の記録あり）

「（京都における記録）申刻地大いに震動す数刻を経て尚止まず、東西京の家往々転ぷく圧死する者多し或は失神頓死する者あり、亥刻又震うこと3回、夜東西に声あり雷の如きもの2回、是日五畿内七道諸国地大いに震い官舎多く損す且つ海潮陸に漲ぎり溺死する者記す可からず其中摂津最も甚し」

があったという記録があり、京都にも記録が残っています。つまり京都や大阪、兵庫にまで及ぶ範囲に津波の災害があったわけですが、高知や徳島にはまったく記録がありません。言い換えれば、記録が残せないほどひどい被害があったと言えます。

　紀貫之の『土佐日記』を知っておられると思いますが、同書は西暦934年頃に書かれたものです。仁和地震（887年）のおよそ50年後ですが、その当時に紀貫之が残したこの土佐の地図には、五台山が地盤沈下していると示されています。地震から50年経ってもこのような状況だったということで、記録が残っていないのも無理のない話です。私が申し上げたいのは、800年代後半に地震が発生した場所と順番が、現在の地震と合致していること。これは、南海トラフ地震が近々くることを示しているのではないでしょうか。

　本日、参加されている先生方は病院の経営者もしくは病院の管理者の方々ということで、災害対応というと、やはりBCP（事業継続計画）がテーマになると思います。この後、院長の先生方からも

BCPについて詳しく話がありますが、私はさわりとして1つの事例を紹介したいと思います。東北大学病院の血管外科の手術中に、東日本大震災があった時の事例です。手術はいったん中止したのですが、この後に手術を最後まで行ったことから、東北大学病院のオペ室の準備ができていたと言えると思います。あらゆる必要な機材が適切に自家発電装置・非常用電源につながっていたこと、麻酔器などがあれだけの地震でも倒れないようにしっかりと固定されていたことにより手術を完遂できたわけで、このような"事前の備え"がいかに大切かを示した事例であると思います。

　BCPは、業務を遂行する能力をもって非常時に対応するための計画であって、それには指揮命令系統を確立する必要があります。それから、しっかりとした事前の準備が時間軸に沿って適切に遂行されるものであるとも言えると思います。

　私は東日本大震災の後、厚生労働省において、大震災の後にどのような災害対応に課題が残ったかを整理し、今後に向けて方策を決めていくための「災害医療等のあり方に関する検討会」の座長を務めさせていただきました。それに基づいて、医政局長通知が都道府県知事宛てに書かれましたが、この時に、DMATのあり方の見直しや災害医療コーディネーターが出てきました。災害拠点病院に関しては、それまでにもいろいろと基準はあったのですが、もう少し詳しい要件を決めたものです。このあたりも、本日のディスカッションのポイントになるかと思います。

小井土雄一先生 講演

BCPの整備がPDDの予防につながる

　私の発表は「災害時における医療体制の充実・強化について」をテーマに、私たち厚生労働省科学研究の研究班の防ぎえた災害死（Preventable Disaster Death：以下、PDD）の解析から、いかにBCPが重要かというお話をメインにしたいと思います。

　まず東日本大震災（以下、3・11）の大きな反省点、教訓として、急性期医療チームから亜急性期への医療チームの引き継ぎがうまくいかなかったことが指摘されています。DMATは、初動はほぼ計画どおりに任務を遂行できたのですが、一方で計画どおりに72時間で引き上げたため、医療救護班との引き継ぎがうまくいかなかったことが課題となりました。

　阪神・淡路大震災（以下、1・17）の時には、超急性期に医療空白ができてしまい、そこで500人のPDDが生じたという報告があります。今回の3・11では、急性期から亜急性期にかけての医療空白の中でPDDがあったのではないかということを、研究班で研究させていただいております。

　この研究は、NHKスペシャルでも取り上げていただきました。調査の手法に関しましては、本日座長をしていただいている大友先生に開発してもらいまして、3・11が起こった3月中に岩手と宮城で入院していた患者さんの中でPDDについて調べました。調査方法を言いますと、3・11以降、3月中に病院で死亡した症例のカルテを調査して、標準的な医療が提供されていれば助かった人がどのくらいいたのかを、救急・災害医療の専門家10名で判定（Peer

Review)するという研究を行いました（figure 3-2）。

　岩手県については、岩手医大の眞瀬智彦教授にお願いして174名を調べていただいたところ、36例でPDDの可能性が高かったとのことでした。宮城県は、当時東北大学に在籍されていた山内聡先生に868名のカルテを調査していただき、102件（11.8％）がPDDの可能性が高かったという結果が出ています。なお、宮城県の調査に関しては、英文の論文にもなっています。これにより「Preventable Disaster Death」という言葉自体がおそらく世界的なものになったわけです。論文の中で、PDDは内陸部よりも沿岸部に有意に高かったことが報告されました。その原因としては、沿岸部では医療物資の不足、医療介入の遅れ、ライフラインの途絶、避難所環境、居住環境の悪化が多く、内陸では医療介入の遅れが最多だったということです。内陸部の医療介入の遅れは、もっと早く後方搬送していれば助かった可能性が高いということです。

　この研究は、震災からちょうど5年ということで2016年に朝日

図表3-2

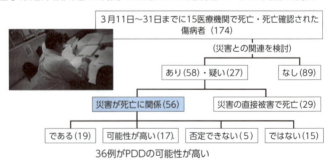

東日本大震災における疾病構造と死因に関する研究
平成25年度厚生労働科学研究研究代表者小井土雄一
「岩手県における防ぎえる災害死に関する研究」
研究分担者眞瀬智彦

・岩手県沿岸被災地15病院での死亡した傷病者174人の死因を調査

新聞がトップでも取り扱っていたのですが、ここで少し強調しておきたいのは、このPDD138例の中で、もう一度BCPの観点から振り返ってみると、例えば岩手県で36例あったわけですが、そのうちの18例はBCPがきちんと整備され遵守されていれば、PDDが防げた可能性が非常に高いということです。耐震化、自家発電、あるいは酸素備蓄の不備が18例ありました。宮城県においては、102例中66例がBCPが整備されていれば防げた可能性が高かったと言えます。防ぎえた災害死（PDD）がBCPと非常に強く関係していることが、研究班のデータによって判明しました。換言すれば、「BCPをしっかり整備しておくことが、PDDを防ぐことに直結することが示された」ということになると思います。

　いかにBCPが大切かは、大友先生が説明された「災害医療等のあり方検討会」の中でまとめられ、それを受けて「災害時における医療体制の充実強化について」（**図表3-3**）ということで、2012年3月末に医政局長名で発出されました。これには3・11を受けて、災害医療は今後どのような方向性で充実・強化していったらよいか、具体的に9項目の指針として示されています。

図表3-3

災害時における医療体制の充実強化について
（平成24年3月21日厚生労働省医政局長通知医政発0321第2号）

1. 地方防災会議等への医療関係者の参加の促進
2. 災害時に備えた応援協定の集結
3. 広域災害・救急医療情報システム（EMIS）の整備
4. 災害拠点病院の整備
5. 災害医療に係る保健所機能の強化
6. 災害医療に関する普及啓発、研修、訓練の実施
7. 病院災害対策マニュアルの作成等
8. 災害時における関係機関との連携
9. 災害時における死体検案体制の整備

この９項目のうちの７番目に「病院災害対策マニュアルの作成等」が明記されています。これは１・17以降、すべての病院が病院災害対応マニュアルを備えなさいということで作ったわけですが、実際に３・11の時には、備えの面で非常に不十分で、マニュアルが機能しませんでした。それを受けて、今回の７項目目では、マニュアルはBCPを含んだものを作成すること、自分たちの病院が被災したことを想定したBCPをつくることが強調されることとなりました。これに対してはその後、どのように書き換えたらいいのかわからないという声もたくさん寄せられました。そこで私たち研究班の中で、鳥取大学の本間正人教授にBCPを含んだ災害対応マニュアルにするためには、実際にはどうしたらよいかということを研究していただいて、2013年９月４日に私たち研究班から各都道府県に対して「こういうふうに書き換えてください」という通知を出したわけです。

　しかし、なかなか進まず、現段階でまだ10％（8,500病院中の10％くらい）しか書き換えていないということです。また、2016年時点では、災害拠点病院においてもBCPを含んだマニュアルに書き換えている施設は３割に過ぎません。2017年のデータでは４割くらいに上がっていますが、それでもまだ半分以上の災害拠点病院がBCPを含んだマニュアルに書き換えていないのが現状です。

　こうした状況の中で熊本地震が起こったのですが、熊本地震では11か所の病院、1,459人が病院避難を強いられました。その原因としては、建物の耐震性、そして水の問題が多くありました（図表３-４）。具体的には建物が10施設、そして水の問題がほぼ10施設。病院避難に追い込まれた主な原因は、耐震性と水、そして電気の問題ということでした。

　ある病院では前震の時にDMATが入って、「これはもう診療継続は無理でしょう」と判断し、「院長先生、もう避難しなければダメですよ」と助言した結果、避難となりました。しかしながら、DMATが入って避難活動している最中に、本震が起こって非常に危

図表3-4

診療継続困難となった原因
(重複あり)

・建物被害　　　　　　　　10施設
　　亀裂・落ち込み　8施設
　　水道管破裂　　　6施設
　　耐震性の問題　　2施設
・水供給なし　　　　　　　10施設
・電気供給なし　　　　　　8施設
・医療ガス供給なし　　　　3施設
・職員不足1施設
・その他（裏山崩落の恐れ）1施設

出所：厚生労働科学研究平成28年度分担研究報告書「病院避難におけるDMATや医療
　　　班との連携」、小井土雄一

険な目に遭い、DMATの中にはこの時のトラウマでいまだに仕事に復帰できない人もいて、熊本地震は隊員の安全管理に関しても考えさせられるものとなりました。

　なお、耐震性に関しては、全国に8,500の病院がありますが、その1割に当たる850病院が耐震基準を満たしていないとされています。BCPの最初の項目は耐震性ですから、耐震性への対策はまず行わなければならないにもかかわらず、1割は未対応なのです。さらに自院の建物が耐震か耐震でないかはわからないという病院が2割くらいありますので、おそらく3割以上の病院で耐震化が済んでないことになると思います。

　その一方で、今回の熊本地震では免震の病院、紹介するのは阿蘇医療センターですが、阿蘇地区には6万人以上の人が住んでいたわけですけれども、免震の阿蘇医療センターが機能したことで、住民の健康・医療が確保できたと言えます。阿蘇医療センターは免震構造で、配管もすべて基盤から浮いているため、病院として機能しました。建物に耐震性があっても、揺れると結局、建物は大丈夫でも

内部はまったく使えなくなってしまう事例が多くあります。機材も全部倒れてしまいますので、建物に耐震性があっても中身はダメという病院が多い。これが免震では、機器が1つも倒れなかったことで、阿蘇地区では多くの患者さんを免震の病院に集めることによって災害医療が機能したのです。電気に関しては自家発電、そして3日後の4月17日には四国電力から供給されたということです。医療資機材に関しても、熊本からのルートはダメだったのですが、急きょ、大分のルートから入ったと聞いています。これによってDMAT、その後に医療救護調整本部も阿蘇医療センターに設置することができ、まさに地域が免震構造によって救われたといっても過言ではないでしょう。

　その一方で、熊本市民病院は、余震が続いたことで、南病棟の倒壊の恐れありという判断から、新生児を含む300人の避難搬送が必要になりました。これもやはり、耐震性あるいは免震がいかに大切であるかを示していると思います。

　熊本地震では水と電力が一番の問題だったわけですが、水については、多くの病院から熊本赤十字病院のDMAT活動拠点本部に要望が上がってきて、それが熊本県DMAT調整本部に入って、そこから陸上自衛隊にお願いしてペットボトルあるいは給水を依頼することで対処しました。4月18日以降は、熊本市内では熊本市役所、あるいは熊本市議会において、災害対策本部が要望を聞き、ニーズに応えていくことになりました。受け取りに行くという形になりましたけれど、こういった形で水を確保していくことができました。水の確保に関しては、いくつかの病院では、そこの病院が避難所になってしまったことで、一般の人たちが集まり、その人たちへのペットボトル（水）が必要になりました。病院の備蓄分はあったのですが、一般の人たちの分までの用意はなく、想定外のペットボトルが必要になったと聞いています。また、貯水槽への給水等に関しては、主に自衛隊が担当してくれました。

食糧の確保に関しても、配給の流れは飲料水と同様であり、当初はDMAT調整本部を通して行いました。その後は市町村レベルで行えたということです。

　もう1つの課題が燃料です。燃料に関しては自家発電の燃料が必要になるわけですが、今回の熊本地震では要望が各DMAT活動拠点本部からDMAT調整本部に上がってきて、それをいったん東京の政府緊急対策本部に回して供給しました。熊本県だけでは解決せずに、東京の政府緊急対策本部を通して行われたことになります。その他、酸素ボンベに関しては、通常の供給、通常のルートにより供給できました。医薬品に関しても、備蓄に加え、卸業社が機能して、ほとんど問題がなかったと聞いています。

　医療資器材はもちろんのこと、非常に困ったのが、病院は患者さんの食事は備蓄していても、職員に対する備蓄がまったくなかったことでした。阿蘇医療センターもそうだったのですが、病院と契約する民間SPD企業がこの種の食事まで供給してくれて助かりました。病院が企業とBCPのさまざまな協定を結んでいく中で、こういうことを明確にしておくことが今後大切になるのではないかと思います。

　前述したように11の病院が病院避難に追い込まれたわけですが、病院経営サイドから見ると、病院避難は非常に難しいところがあります。DMATが病院トップに助言したり、あるいは職員が助言しての最終的な判断となりました。ただ今後はやはり行政の支援であったり、あるいは建物のことを考えると、応急危険度判定士との連携等が非常に大切になってくるのではないかと思います。矢面に立たされた11施設の院長先生は、苦渋の決断であったと聞いています。その理由の1つとして挙げられるのが、避難の翌日から医療収入がなくなることです。院長先生は避難後も、職員の給料や病院の修繕費等を考えなければいけないわけです。また、今回問題になったことは、避難は公的なお金でできたのですが、帰院する際には費用が全部自己負担になってしまったことです。非常時の避難は、もちろ

小井土雄一先生 講演　BCP の整備が PDD の予防につながる　**223**

ん患者さんを守るために病院が決断しなければならないわけですが、さまざまな問題が起こることを認識しておかなければなりません。できるだけ避難という事態にならないように、BCPを整えておくことが大切であると思います。

　熊本地震を受けて、災害拠点病院指定要件がまた一部変わりました。これまでBCPの整備はずっと進まず、"笛吹けど踊らず"という面があったわけですが、やはり厚労省としても「これではダメだ」ということで、BCPに関しては「2019年までにきちんと策定しないと災害拠点病院指定から外しますよ」という強い口調に変わりました。

　南海トラフの中央防災会議が出している具体的な応急対策活動に関する計画では、大友先生が示されたように最大32万人が亡くなるとされていますが、その危機に対して72時間で、どのようなタイムラインで動かすかということが書かれています。具体的には、レスキューと医療と物資と燃料、この4本柱プラスそれを支える緊急搬送ルートに関して、タイムラインが書かれています。その中で私たちDMATに関しては、12時間で被災地に到達して、SCU（Staging Care Unit：空港内臨時医療施設）を立てて、広域搬送を24時間以内に始めることになっています。物資に関しては、24時間－翌日から2日目からは物資が搬送されているようなタイムラインになっていますが、実はほかの報告では南海トラフが起きた場合、物流に関しては平時の30％くらいまで落ち込み、復旧するには2か月くらいかかるという報告もあります。そうした状況下において、病院はモノが入ってこないことを想定した対応策を立てておかなければいけないと思います。

　これは私たちの研究班で藤沢市民病院救命救急センターの阿南英明先生が担当してくれた研究ですが、施設の危険性やライフラインの状況から病院の被災ランク分けを平時から考えておきましょうというものです。もちろん倒壊の恐れ、インフラ壊滅ならば病院避難

となりますが、一方でモノが少し限られ、リミテーションがかかるけれど病院が機能できるという状況の中では、3つにランクを分けています（図表3-5）。3日間機能維持するための資源制限が30%、いつもの30%で機能する時の状態、あるいは30〜60%の状態、そしていつもの60〜70%まで使えるという状態、これをⅡ−1、Ⅱ−2、Ⅱ−3という形に分けて、それぞれリミテーションがかかった中で何を優先して行うかといった診療計画を立てておくことが、非常に大事です（図表3-6）。私たちはこれを、「ダメージ・コントロール・マネジメント」と呼んでいます。資源制限がかかった中でどのような診療方針で活動するのか？　ダメージ・コントロール・マネジメントを事前に考えておいたほうがいいのではないかと、今、研究班の方から提唱させていただいているところです。

　ICU1床、あるいはユニットで大きな電力がかかってしまうことで、一番制限を受けるのはやはり電気です。水や燃料はどこからか持ってくることができますが、自家発電量が限られている中では電気が一番リミテーションがかかるだろうと言われています。そういう中で、30%までしか使用できない時、30%から60%、あるいは70%使える時に、事前に優先順位を付けて何を行っていくのかを決めておくことが非常に重要になると思います。BCPの中でここまでやっている病院はほとんどないと思いますが、このようなダメージ・コントロールの中での病院の運営に際してどういったオペレーションをするのかも、平時から考えておかなければいけないことだと思います。

　続きまして、南海トラフ地震を想定して、愛知県の35の災害拠点病院をこの考えでランク分けしてみると（図表3-7）、11の病院は津波によって浸水してしまい、病院避難となります。平時の入院数であれば、Ⅱ−2が一番多く54.3%です。これは半分くらいの制限がかかるけれど、その中での活動ということになります。ただ、災害拠点病院は災害時には平時の2倍の患者さんを受けることに

図表3-5

病院被災ランク分け

施設危険・ライフライン	倒壊リスクあり 電気活用不可 土砂、津波、原子力	備蓄を前提として電気・水・酸素・医薬品・食料のいずれかが制限あり (外来患者受診を含む)	制限なく通常機能維持
	赤（Ⅰ）	黄（Ⅱ）	緑（Ⅲ）

3日間機能維持するための資源制限
　～30%　　30～60%　　60～70%
　（Ⅱ-1）　　（Ⅱ-2）　　（Ⅱ-3）

ダメージコントロールマネジメント
診療内容・資源の制限による
診療継続
優先事項

診療継続不可 ← → 診療継続可能

病院避難　　　　　　　　　　　　　　　　　病床拡充

平成28年度厚労科研費（地域医療基盤開発推進研究事業）首都直下型地震・南海トラフ地震等の大規模災害時に医療チームが効果的、効率的に活動するための今後の災害医療体制のあり方に関する研究
研究代表者小井土雄一
DMATの効果的な運用に関する研究
研究分担者阿南英明藤沢市民病院救命救急センター

図表3-6

黄（Ⅱ群）細分類による具体的行動案

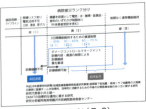

～30%（Ⅱ-1）	30～60%（Ⅱ-2）	60～70%（Ⅱ-3）
室内消灯 制限区域のみ空調 全面手術中止 薬剤中断選別 酸素投与中断選別 生存可能性低い患者の診療制限 早期ICU退室		不要室内消灯 空調制限 緊急手術のみ 薬剤減量処方 酸素使用量制限 一般病床の再編 ICU代替え（手術室）

物的・人的資源の支援に関する優先度判断および
実効性の強化事前計画と調査は不可欠

DMATの効果的な運用に関する研究
研究分担者阿南英明藤沢市民病院救命救急センター

図表3-7

愛知県内災害拠点病院の被災ランク分類

通常時患者入院数

機能分類		総計	
赤	Ⅰ	11	31.4%
黄	Ⅱ-1	0	0.0%
	Ⅱ-2	19	54.3%
	Ⅱ-3	2	5.7%
緑	Ⅲ	2	5.7%
判定不能		1	2.9%
総計		35	100%

患者数2倍の入院数

機能分類		総計	
赤	Ⅰ	11	31.4%
黄	Ⅱ-1	20	57.1%
	Ⅱ-2	2	5.7%
	Ⅱ-3	1	2.9%
緑	Ⅲ	0	0.0%
判定不能		1	3%
総計		35	100%

DMATの効果的な運用に関する研究
研究分担者阿南英明藤沢市民病院救命救急センター

りますので、入院患者が2倍になるとどうなるかといったら、やはり電力が一番の問題となります。Ⅱ-2は54％あったものが、一気にⅡ-1（30％以上制限しなければいけない）まで下がってしまって、Ⅱ-1が57.1％ということになります。このようなことは、自分たちの地域ハザードマップで浸水や液状化など、どの程度被災するか調べることで、ある程度わかります。それに対して「私たちの病院では、例えば『もう30％だから何を優先していくか』とか、病院の診療方針をこういうふうに決めておきましょう」という決めごとをしておくことが、さらに進んだBCPとなってくるのではないかと思っています。

　もう1つ、EMIS（広域災害・救急医療情報システム）の全病院化が、特に熊本地震の後は進んでいますが、3・11の時は十分ではありませんでした。3・11以降は「すべての都道府県が入ってください、すべての病院が入ってください、そして情報を入力する複数の担当者をつくってください、インターネットに接続可能な衛星電話を整備してください」という形で普及が進んでいます。

　EMISは、2014年に再び改定されています。それまで、EMISは

災害拠点病院のもの、あるいはDMATのものであるというニュアンスが強かったのですが、2014年以降はすべての病院、あるいはすべての医療チーム、災害医療コーディネーターが使えるように、時間的・空間的に拡張されております。この機能強化でどんなことをしたかというと、病院だけではなく診療所・現場・避難所等にもEMISを広げたということです。なお、病院においては、現時点では47都道府県中33において、EMISの全病院化が完了しています。

BCPを継続するためには、やはり通信ツールをしっかりと持っていることも重要です。当災害医療センターは基幹災害拠点病院ですので通信機器（衛星通信や防災無線、その他）を持っていますが、こういったものを複数持っていることが大切であると強調したいと思います。

総務省から昨年（2016年）出された文書（「災害医療・救護活動において確保されるべき非常用通信手段に関するガイドライン」）で、「大規模災害時の非常用通信手段を持ってください」ということは、総務省から都道府県、都道府県から全病院にお知らせが入っています。EMISは全病院化しただけではなく、やはり間違いなく使えなければ意味がありません。3・11の時に、衛星電話がつながらなかったという報告が結構ありますが、だいたいは使い方を間違っていたということですので、通信機器を使える人材を複数育成することは重要だと思います。

最後にまとめですが（図表3-8）、建物は耐震、できたら耐震ではなく免震に。BCPは災害拠点病院だけでなく、すべての病院が作成すべきですね。今、国が言っているのは、まずは災害拠点病院がBCPをつくれということですけれども、すべての病院でつくっていただきたいと思います。BCPの有無が防ぎえた災害死に直結していますので、それをつくることが患者さんの命を救うことにつながります。

それから、病院被災状況によって、いかにダメージ・コントロー

図表 3-8

> **まとめ**
> - 耐震ではなく免震に！
> - BCPマニュアルをすべての病院(医療施設) が作成すべき！
> - BCPを順守できれば、防ぎえた災害死も減らせる！
> - 病院被災状況により、いかにダメージコントロールするか、イメージしておく！
> - 病院避難の判断は難しい！
>   応急危険度判定士との連携も必要
> - 非常用通信手段の確保は確実に！

ルを行うかということを、平時からイメージしておくことが大事であると思います。さらに、病院避難の判断は非常に難しいので、今後行政がどう関わるのかも重要です。それに関連して、自分たちの病院が大丈夫なのかどうか把握するために、応急危険度判定士との連携も必要になると思います。最後に、非常用通信手段の確保とそれを扱える人材を育成することは非常に大切なことだと思います。ご清聴ありがとうございました。

金田巖先生 講演

東日本大震災を経験して得た教訓

　まず、東日本大震災発生時の当院（石巻赤十字病院）の立地ですが、宮城県の北東部に位置しておりました。震災時は医師100名、職員がだいたい800名ほどいました。当院は、その5年前に現在の場所に新築移転したのですが、これが非常に大きなポイントです。現在地は海から5km離れておりますが（図表3-9）、移転前の病院は北上川河口近くでした。その場所には看護学校を残してきたのですが、そこは壊滅的な被害を受けています。新築移転によって、位置的に津波を逃れられたことと、三陸縦貫自動車道という無料の自動車専用道路が極めて大きな役割を果たしてくれました。現在地に

図表3-9

移ったことによって医療圏が広がり、移転前は80億円だった医療収益が120億円へと1.5倍となり、職員数も医師数が65名から100名に、全職員数は540名から800名にという形でマンパワーが増大しました。そういった状況下で、大震災に遭ったのです。

震災前の状況です。当該地域には当院を含めて急性期病院が3施設、回復期から慢性期病院が7施設ありましたが、発災直後からは当院を残して、院内の患者さんはある程度診られても、災害に対応することは不可能になっております（図表3-10、図表3-11）。

次に、災害への備えについてお話しします。新築移転時に極めて脆弱な土地に移動しましたので、摩擦杭を採用して揺れを少なくし、表層の液状化を防ぐために砂杭を打ってあります。それから震災時には、建物の免震構造が非常に役立っておりました。

大震災に対する備えとしては電源の二重化、変電所2か所から線を引っ張り、どちらか一方が破損しても機能するようにしておいたのですが、今回の場合は両方ともダメでした。非常用発電機は500kwまでを2機で、3日分の燃料2万リットルを確保しております。水に関しては上水備蓄が半日分、用水備蓄が3日分、消火用のものが大まかに換算すると半日分で、合計4日分あります。食糧備蓄は入院患者さん用に3日分。1階のフロアがだだっ広くなっておりまして、酸素供給口と吸引機がつながるようになっております。広いエントランスを黄色エリア（黄治療斑）として有効に活用できました。

ソフトとしては、プロジェクトチームを2007年から（実質的にはもっと前から存在していましたが）継続的に行うことにしておりました。災害対策マニュアル小委員会を2週間に1回のペースで開催し、あとはハーフブラインドで実働訓練を実施しました。この机上訓練と実働訓練が、災害時にそのまま実行されています。当院の石井正医師（当時）が多くの災害医療プレイヤーと太いパイプを構築してくれておりました。また、さまざまな他組織連携等、連携体

図表3-10

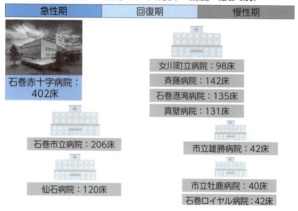

図表3-11

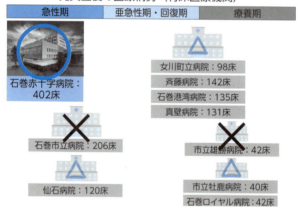

制を構築しております。実は石巻市の災害時の対策では、市と市立病院が中心になっていましたが、「独自にやっておけ」と石井に言ったことが功を奏しております。確かに揺れはすごかったのですが、

それほど死の恐怖は感じませんでしたね。とにかく人命は守られ、建物・設備等に被害はなく、災害医療を活動することが可能な状況でありました。

ライフラインに関しては、電気は2日後に復旧しました。水道の復旧には1週間ほどかかりましたが、給水車で何とかなりました。ガスの復旧は約1か月。電気は復旧しても、エレベーターは保守作業員が被災してしまい、きてくれませんでした。動くのだけれど、作動してはダメだということで、休止は3日間でした。エレベーターが停止したことで非常に困ったのは、入院患者がたくさんくるのですが、すべて、患者搬送に階段を使用して運ばなければならなかったことでした。

災害医療活動の状況ですが、救急患者数は被災後1週間で3,938名です（図表3-12）。基本的にはクラッシュ・シンドロームはほとんどなく、死因は津波による低体温と溺水でした。当院への搬送は、救急車が通常当院は12人程度だったものが、この表のようにたくさんきました（図表3-13）。ヘリコプターは、3月13日には

図表3-12

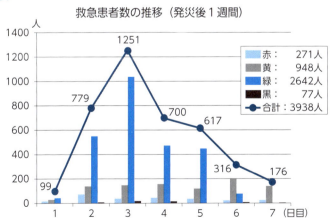

図表 3-13

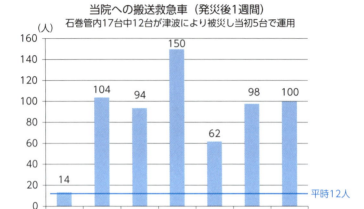

　64機が飛来しました。実は、病院が水没しそうになったのです。津波が地下水の方に流れ込み、地下水から逆に田んぼの方に流れてきて水位がどんどん上がってきて、水攻めされた備中高松城の清水宗治の気持ちがわかるというか……。ただ、ヘリポートは水没しなかったので、常に空中に4～5機飛んでいる状況でした。

　また、次々にいろいろな方が来院されました。水も電気も他施設では動きませんから、透析患者はしばらく当院だけでやっていました。HOT（在宅酸素療法）患者もそうです。分娩も通常の5倍でした。あとは予想もしなかった要介護者が来院され、院内で一晩過ごしました（図表3-14）。HOT患者が増えた理由は、テイジンの方などがHOTを利用している患者さんの所へ行き、「日赤に行けば電気があるから」ということで連れてきてくれて、なかなかいいネットワークができていると思いました。

　処方専用窓口では、地域の開業医の先生もしばらく機能しませんでしたので、ウチの患者さんではないのですけれども、医師と薬剤師がどういった疾患でどういった薬を投与しているかをヒアリング

図表3-14

して処方することで対応しました。入院ベッドは50床増床して、何とか対応しておりました。

診療機能を維持するためには後方搬送が重要になるわけですが、東北大学病院はほとんど引き受けてくれました。

一般外来を再開したのは、震災から1か月後でした。皆、外来をやりたがったのですが、災害対応で外来はやらせませんでした。隠れてやっていたのが数名います。手術は緊急手術のみで、予定手術を入れたのは5月4日といった状況です。

救護チームが次々やってくるわけで、石井が宮城県の災害医療コーディネーターになっていたので、全部まとめてもらって、延べ955チームが登録したという状況でした（図表3-15）。さまざまな組織から派遣された医療チームが個別に活動するのは非効率なので、合同救護チームを立ち上げて、対応しました。合同救護チームでは、エリア・ライン制を取りました（図表3-16）。地域を14エリアに分けてその中にずっときてくれる班を幹事ライン、あとはある程度つなげるラインというかスポットを、こういった形で機能させてい

図表3-15

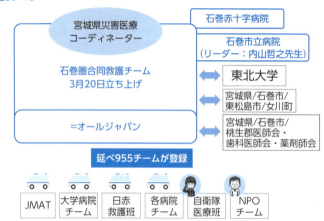

図表3-16

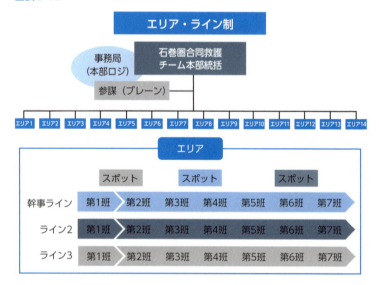

236　第3部　大規模災害に対する備えと発生時におけるマネジメント

ました。石巻圏合同救護チーム本部も当院の研修室で活動していま
した。そもそもこれは行政がやることで、行政が機能不全になった
のでウチがやっていました。当院のメンバーは常に5名がここに張
り付いていましたが、これだけではとても足りませんので、日赤か
ら1,173名、それから他組織の支援が268名、合わせて1,441名の
方々に手伝っていただいて、何とかなったという状況でした。

　職員のモチベーションの維持は、とても重要です。職員に死者は
出ませんでしたが、家族を亡くした者が41名。職員の3分の1強
が被災者であります。とにかく職員のモラール（士気）を維持しな
ければならないということで、被災者は休んでもいいことにしまし
た。あとは見舞い金を支給しました。また、被災した職員用に、病
院の費用でホテルに120室を確保し、避難所からの通勤を回避しま
した。朝食も出るので被災しなかった人よりも楽だったというよう
なことを言っている者もいましたね。

　それから、全職員に10万円の慰労金をまず出せと職員に言いま
した。被災した後、一度も出てこず、もう辞めている人もいるんで
すが、「そういう人たちにも出すんですか」と職員が言うから、も
ちろん出せと言って出させております。日ごろ、無能・横暴な上司
に耐えてきた職員も、非常時には我慢できず集団で職場放棄を起こ
しそうになる。3か所ありましたね。院内統括者の石橋と私が介入
して打開を図ったのですが、やむをえず無能な上司は1人辞めさせ
ました。被災した職員への災害見舞い金の支給総額は、およそ
6,000万円。宿泊料金が延べ4,000名で約2,000万円ほどで、合計す
ると約3億円かかりました。前年に5億7,000万円ほどの黒字があ
ったので、「全部吐き出していいから」と言ったところ、支出は黒
字の半分ちょっとになりました。

　精神的負担が大きい業務（黒エリア）があり、こういった人たち
を何とかしなければならない。そこで産業医が診察し、臨床心理士
を配置しました。とにかく職員がモラールやモチベーションを失わ

金田巌先生 講演　東日本大震災を経験して得た教訓　　237

図表3-17

被災地医療の経時的変化
▶発災直後（即応状態の整備）
①被災者に対する救急医療
②災害救護チームに対する災害拠点病院としての役割
▶急性期（需要に応じた体制の整備）
①激増する救急患者への対応
②壊滅した医療提供体制の維持・補完
▶慢性期（地域社会・住民の健康の維持）
①通常の医療再開、被災地特有の疾患への対応
②健診などの疾病予防活動の復旧

ずに仕事をしてくれるにはどうしたらいいのかを、常に考えていました。それから、全国から莫大な院内医療支援をいただいたこと、それがなければ災害医療の継続は不可能でした。

　被災地医療の経時的変化ですが（図表3-17）、被災直後は、表で示したとおりでした。通常の医療、被災地特有の疾患、ウチの場合はヘドロから粉塵が舞って、呼吸器症状が半年くらい続きました。そこで防塵マスクを住民に装着してもらったり、対策をいろいろ施しました。

　一番困ったのは、検診です。がん検診などの検診がなかなか再開せず、再開しても住民に精神的余裕がなく、なかなか受診しないのです。その年、次の年と、2年後くらいまで早期がんの患者さんはほとんど来院せず、進行がんだけが増えるという状況になりました。これは大災害の時には、どこでも起こり得ることなので、どうしたらいいのかを考えなければならないテーマだと思います。検診のサプライ側がやっても受診しないのですね。

　災害時に、病院がインフラとしてあるべき姿の優先順位としては（図表3-18）、とにかくハードでカバーすることが第一です。そして機能を早く復旧できる体制を整える。機能維持のために、通常診

238　第3部　大規模災害に対する備えと発生時におけるマネジメント

図表 3-18

大災害が発生した時に
病院がインフラとしてあるべき姿の優先順位

①在院者の安全が確保できる（ハード）
②機能を早く復旧できる（ハード＆ソフト）
③機能を維持できる（ハード＆ソフト）
④業務内容の変更（災害対応）ができる（ソフト）
⑤他施設の機能を代替できる（ハード＆ソフト）
※④⑤が一般企業のBCPにない機能

図表 3-19

「つくづく運がよかった」

1．病院のハード面の維持

①移転した場所は最適
②ムダだと思っていたスペースや設備は実は余裕だった
③しかし、完璧な準備をもって実行された活動は少なく、実は綱渡り状態だった

2．病院のソフト面の維持

①マンパワーの増強も間に合った
②こんなに献身的で有能な職員に恵まれるなんて！
③ひとりの脱落者も出さずに済んだ

療から災害対応ができる（切り替えられる）ように職員の訓練を行うこと。さらに、他施設の機能を代替できるような余裕を持つこと。最後の2つは、一般企業のBCPにはない機能と言えます。

われわれはとにかく運がよかったですね（図表3-19）。移転した場所は災害対応には最適だったし、ムダだと思っていた設備やスペースは余裕だった。しかし、完璧な準備を持って実行される活動はそんなにはありません。先ほど申し上げましたように、マンパワーの増強が間に合ったことも大きかった。しかも職員は極めて献身

的で、一人の脱落者も出さずに続いております。

　現在の状況ですが、被災時に800名だった職員数は1,200名になり、発生時の建物は本院だけだったのが、増築棟と災害医療研修センターが加わりました。私の話はこれで終わりとなります。

髙橋毅先生 講演

熊本地震を経験して得た教訓

　熊本地震の発生によって、日本中の方が熊本県の場所を再認識したのではないかと思います。熊本県には熊本城をはじめとして、さまざまな熊本名所があったのですが、どれも壊れてしまいました。

　当院（熊本医療センター）は1871年にできた日本でもっとも古い国立病院です。開業してから、すでに146年が経過しています。所在地は熊本城の中でありまして、建物の四方が石垣で囲まれております。今回、その石垣が大きく壊れてしまいました。

　先ほども大友先生からお話がありましたように、中央構造線が熊本を通っております。ここが揺れて、震度7の地震が2回起きました。お互いに引っ張るような形でこのように動いたそうです。地面は2mのズレが生じまして、一瞬、間が1mくらい開いたと怖い話も聞いています。そして阿蘇のシンボルである阿蘇大橋、いつも日曜日には渋滞しているこの橋が、地震により崩落してしまいました。橋のかなり上の方から土砂崩れが起こり、ヘリコプターで上空から見ても橋のパイプが見えないくらいの土砂で押しつぶされてしまっています。

　震源地である益城町では、ほとんどの家が壊れています。道路沿いはこんな状況です。熊本城も大きな被害を受けました。ショッピングモールでは、3階が落ちてしまいました。もし日曜日の昼間だったら、この屋根の倒壊によって、ここだけでも100人くらいの死亡者が出たのではないかと思われます。これが2016年12月時点での死亡者数です（**図表3-20**）。直接死因者50名は、ほとんど圧死

図表3-20

熊本地震被害情報
（2016年12月14日現在）消防庁情報

直接死者	50名	最大避難者数	183,882名
関連死者	111名	最大避難所数	855所
重傷者	1,087名	全壊	8,369棟
軽傷者	1,605名	半壊	32,478棟
		一部損壊	146,382棟

です。災害関連死は111名となっていますが、現在170余名を数えます。今でも亡くなられた場合は、関連死になります。

　DMATの動きですが（図表3-21）、前震の時に熊本DMATが派遣されました。この時は前震を乗り切ったと思いまして、ウチからも2隊、DMATを出しました。後で本震がくるとわかっていたら、この時点でそういうことをしなかったので、後々後悔したものです。そして、沖縄を除く九州グループからDMATが出ました。本震の後は、もちろんこのように全国からDMATがきてくださいました。全国から466隊、この数は東日本大震災の時の総数を上回る数で、これだけのDMAT隊が熊本にきてくれたということです。やはり、本震の16日に一番多くきてくれています。

　当院の動きですが、前震は夜の9時26分でした。私は飲み会に参加していて、一次会が終わって会計を済ませてお店を出た途端に揺れました。近くにいた友人と抱き合ってしまうくらいに怖い思いをしました。

　この時、自主参集で346名が病院にきてくれました。当院は耐震構造で建物が大丈夫だったため、患者の受け入れを一生懸命にやりましたが、夜9時半から2時間半の間に救急車は6台しかきませんでした。ウォークインは42名でした（図表3-22）。私は救急部におりまして、当院の救急部にはスタッフが10数名いるのですが、

図表 3-21

DMAT派遣要請の主な動き

2016年
4月14日 21:26 前震
　　　　　 22:36 厚労省よりDMAT派遣要請
　　　　　 23:18 熊本DMAT派遣要請（熊本県知事）
4月15日 　0:57 九州DMAT派遣要請（熊本県知事）
　　　　　　　　　 沖縄を除く九州グループのDMAT出動
4月16日 　1:25 本震
　　　　　 　4:23 九州、中四国、近畿DMAT派遣要請
　　　　　 16:01 東北、北海道DMAT派遣要請（空路）
4月17日 17:55 関東、中部DMAT（空路）、中国（陸路）派遣要請（三次隊）
4月19日 12:41 九州、中四国DMAT派遣要請（四次隊）

LINEでつながっております。職員の安否確認は、これが一番最適でした。発生数分後には、全員で会話ができました。

　先述のように当日、私は熊本市消防局のすぐ横のお店で飲んでおりましたので、消防局に行きました。熊本消防局の一次救急を受ける場所では、夜中は7名の職員が泊まっております。もちろん全員で電話を受けていますが、呼出音がずっと鳴り続けていても取れないような状況でした。この後、自主参集した救急の職員と消防の職員とで、総勢30人がかりで電話を取るのですが、常に鳴っている状況でした。ここの課長が「何を一番注意しないといけないか」について説明していました。電話連絡はほとんどがケガで、一次救急なのですが、「火事を受けたらすぐ手を挙げて『火事だぁー』と叫べ」と言っておられたのが印象的でした。

　その時の当院はどういう状況だったかというと、院長を本部長とする災害対策本部が立ち上がったばかりでした。

　当院は訓練時からビブスを身に着けるようにしております。というのも、職員の姿だけでは誰が看護師なのか誰が薬剤師なのか、誰が医師なのかがわからない。特によそから応援にきた人は、わかる

高橋毅先生 講演　熊本地震を経験して得た教訓　　243

図表 3-22

> 4月14日（木）
> 21時26分　マグニチュード6.5　震度7-熊本県益城町
> 　　　　　震度6弱-熊本市東区、他
> 22時頃　　暫定災害対策本部設置（管理当直医：渡邉精神科部長）
> 　　　　　職員自主参集：346名
> 23時50分　DMATチーム益城町役場へ派遣（リーダー：北田救急部医長）
> 24時までに、救急車6台、独歩42名を受け入れる（救急入院3名：いずれも重症）

はずがない。患者さんもわからないだろうから、全員のビブスを用意しております。数にして500以上はあります。そして、職員が自主参集してきたら、職員参集状況ボード（小さな名前を書いて貼り、マグネットでボードにくっつく連絡設備）に名前を書いて、「あなたはどこに行きなさい」という指示を受け、ビブスをもらって着て、担当の部署に行くという訓練をしていましたので、被災時も皆がそのとおりにやっておりました。

　このような状況で、DMATの出動要請が私たちのところにきます。当院は国立病院機構という医療グループに属していますが、当院を心配してグループの方からも職員を派遣し、また初動医療班を派遣してくれました。私は災害コーディネーターとして県庁に行ったり、市役所に行ったりしておりますので、離れた所から本部長として当院に対していろいろと指示を出しておりました。「どこどこの病院が避難になったので、何人受け入れてほしい」とか、そうした連絡はメールよりもLINEがよかったですね。LINEは写真も一緒に送ると、全員が見られるというところが大変よかったです。

　前震の後、当院では災害を乗り切ったと思っており、発生が夜だったので、次の日の午前3時くらいには患者さんがだいぶ少なくなってきたのですが、朝までに救急車58台を受け入れていました。朝になって予想外だったのが、外来予約の患者さんはこないだろう

と思っていたら、6割ぐらいの人が来院されたのです。そのため、外来診療をせざるを得なくなりました。職員のほとんど全員が出てきて、徹夜明けの状況で通常外来をしなければならないという、厳しい事態になりました。でも皆、気が張っていましたから、どうにか乗り切って、「今夜はゆっくり寝てください」と家に帰り、床に就いた直後、本震がきて、皆がまた集まってきました。今度は病院の電源が落ちたのですが、「非常発電に切り替わったから大丈夫だ」「どうもほかの病院が不能になっているようだ」などの会話がLINEで交わされました。その時、何と412名もの職員が駆け付けてきてくれました。また前震と同じような状況になり、全員が2日目の徹夜という状況になったのです。

　なぜこんなにも職員がきてくれたのか、その理由は後でわかりました。私も被災した時、自宅はマンションの8階ですが、ベッドにしがみついているのがやっとでした。ベッドから振り落とされそうになり、その時間がとても長かったです。揺れが長いと最初は、「これはもう死ぬかな」と思うのですけれど、だんだん冷静になってくるものです。でも、隣の部屋で寝ていた妻は、ピアノが飛んできて骨折しました。それほどの揺れだったのです。その後、5分ごとくらいに震度5の余震がきましたので、とても家の中にいられない。そこで職員は家族を車に乗せて、ウチの病院の駐車場に避難してきたのです。駐車場は職員の車で埋まって、職員の家族みんなが、車中泊していました。そして、看護師たちも「私はちょっと仕事へ行ってくるから」と集まってくれた結果、412名が集まったということです。

　結局、職場が職員を救ってくれました。病院にくれば、水も電気も食べ物もあります。家に帰っても、停電していて水も出ないし食事もない、危なくて家の中にも入れないという状況を、職場が助けてくれたのです。

　職員は皆、翌日も頑張りました。しかし、さすがに2日連続の徹

夜の後ですので、救急医が「もうダメだ。受け入れ制限しないといけないかな」と口にして、危機に陥ったのが本震の日でした。この時、救ってくれたのは何だったかというと、国立病院機構です。グループ施設でよかったとつくづく思いますね。国立病院機構は全部で143あります。そこでは医療班を持っております。その人たちが助けにきてくれました。

「なぜ？　DAMTがきてくれるでしょ？」と思われるかもしれません。DMATは元気にやっている病院にはきてくれないのです。壊れている所には行ってくれますけど。それで助けてくれたのはグループ、仲間でした。

当院はだいたいライフラインは大丈夫でした。そして「日赤が壊れている、水がもうダメになっている、市民病院は壊れている」という情報が入ってきて、ウチが頑張らないといけないと思いました。幸いエレベーターはすぐに復旧したのですが、余震でまた止まるということが繰り返しありました。

災害被災者受け入れ入院状況に関しては、被災入院状況を書き込むテンプレートのホワイトボードをあらかじめつくっておりまして、訓練の時に使っていました。地震の時に、当院は満床状態で受け入れを始めなければならないという状況でした。そんな中、4月17日に救急車が58台、次の日に46台が当院に来ました。

そして、やっと後から遅れてDMATがきてくれました。国立病院機構からたくさんDMATを出していて、国立病院のDMAT隊が当院のすぐ近くまできてくれているのですけれども、当院の支援にはその人たちはきてくれない。きたくてもこられなかったのです。その理由は、一度DMATで出てしまうと、指揮命令系統は国立病院機構にはなくなるので、きてほしいと言っても「行けません」ということになってしまうからです。

われわれはその後も頑張り続け、医師も特別な応急体制をとって、看護部も頑張って応援にきてくれました。当時、ホールを看護師宿

舎にしておりました。保育園・幼稚園が休校になって、家で子供た
ちの面倒をみなくてはいけなくて、看護師さんたちが出てこられな
いということでしたので、院内に保育する場所をつくりました。も
ともと保育所はあったのですけれども、それとは別につくっていま
す。

　食事の点では都市ガスは止まりましたが、電気は大丈夫でしたの
で、ほとんど通常の食事を取ることができました。非常食を使った
のは本震の日の朝の1回だけで、それ以外は常に温かいご飯を患者
さんに供給することができました。ただエレベーターが使えない時
が1回ありまして、1階の調理場から7階までバケツリレー状態で
食事を運びました。これも訓練の時にやっておりましたので、訓練
どおりということで、誰一人慌てることなく行えました。階段の幅
が狭いので、患者さんを入院させる時も、お神輿をかつぐように階
段を上がり、入院してもらいました。これも訓練の時にやっていま
したので、誰も慌てることはありませんでした。昔の国立病院の階
段はデパートくらいの広さで、患者さんを横にして運んでも大丈夫
なくらいの幅がありましたが、今は狭くなってしまい、災害の時に
は非常に困ります。BCPでいえば、プロパンガスは持っておいた方
が絶対いいと思います。

　ストレスケアの面では、当院には精神科がありますので、精神科
の医師が中心になってストレスケアチームを立ち上げて、講習会を
次々にやってくれました。最後には、ほかの職種や一般市民の方ま
で呼んで、当院のホールでセルフケア講習会を行うに至りました。

　ノロウィルスと黄色ブドウ球菌による食中毒が発生しましたので、
ICT（感染対策チーム）が避難所を巡回することとなりました。そ
して、食物アレルギーの子供さんをお持ちのお母さんが大変困られ
たと聞き、アレルギー食の配給を行っております。

　図表3-23の上3つ（国立病院機構熊本医療センター、熊本赤十
字病院、済生会熊本病院）が救命センターを持つ病院ですが、地震

図表 3-23

医療機関	4月14〜30日の 総救急患者数	4月14〜30日の 総救急車件数
国立病院機構熊本医療センター	1,606人	657件
熊本赤十字病院	4,640人	621件
済生会熊本病院	1,871人	649件
熊本大学医学部附属病院	545人	239件
熊本中央病院	527人	169件

発生後2週間でどこも600台の救急車を受けております。

　満床状態であるにもかかわらず、どうやってこれだけの患者を入院させられたのかと思われるのではないでしょうか？　それは日ごろの病診連携です。当院の周りにはこれだけの医療機関がありまして（図表3-24）、それらの施設に救急外来から直接入院をお願いしたり、ウチに入院されている患者さんの中で症状が安定されている方を優先的に受け入れていただきました。これらの病院や診療所もすべて被災しており、ひどい状況にあったのですが、日ごろの病診連携で顔の見える関係ができていますので、これらの施設の院長先生が男気を出してくださいまして、「よし、ウチが受ける」ということで受け入れてくださったのです。「先生のところ、大丈夫なんですか」「大丈夫、大丈夫。国立のためなら受けてやるよ」ということで、多くの患者さんを受けてくださいました。それで当院は救急搬送を1人も断らずに、ずっと受けることができました。

　熊本地震では、国立病院機構が頑張ってくれました。同じこと（支援）を済生会グループも赤十字グループもしていました。熊本には3つの救命センターがありますが、どこもグループがものすごくバックアップしてくれたので、今回もちこたえております。国立病院機構も、多くのDMAT隊を出しております。DPATという精神科チームも出しています。国立病院機構は143もありますので、支援力がすごいのですよ。医療チームを次から次に出せる力を持って

図表3-24　4月14〜22日の転院受入病院（68施設）　(人)

医療機関	受入患者数	医療機関	受入患者数
青磁野リハビリテーション病院	10	あきた病院	2
杉村病院	8	あけぼのクリニック	2
朝日野総合病院	7	イエズスの聖心病院	2
佐賀大学医学部附属病院	6	熊本第一病院	2
竜山内科リハビリテーション病院	6	江南病院	2
熊本脳神経外科病院	5	寺尾病院	2
熊本南病院	5	久留米大学病院	2
菊南病院	4	弓削病院	2
菊池有働病院	4	桜が丘病院	2
九州記念病院	3	日隈病院	2
熊本再春荘病院	3	表参道吉田病院	2
向陽台病院	3	保利病院	2
桜十字病院	3	北部病院	2
博愛会病院	3	その他40施設	1
武蔵ヶ丘病院	3	合計	139

いました。

　当院の被災ですが、先ほども言いましたが、四方の石垣が崩れました。この石垣は特別史跡であり、国宝に値します。石が落ちて道路を塞いでいたりするのですが、1個1個の石が国宝なので動かせません。勝手に動かすと罰せられます。実は石垣の上のフェンスがなくなっていたのですね。ビックリしました。フェンスは下の道路に落ちていたのです。倒壊したのが深夜だったため、死傷者が出なくて本当によかったなと思っています。それから、土砂崩れしそうになった個所もありました。

　まとめに入りますが（**図表3-25**）、建物が耐震構造であったこと、それから実際に起こり得る想定で常日ごろから訓練をしていたので、どんな状況であろうと職員の誰もが不安にならずに多くの患者さんを受け入れることができました。

図表 3-25

熊本地震を経験して思ったこと

- 災害訓練は実際に起こり得る想定で訓練を。
- 災害医療で重要なのは、人数と体力！
- 災害医療で重要なのは、医療連携！
- 日ごろの病診・病病連携による顔の見える関係、信頼関係がなければ、今回の震災を乗り越えることはできなかった。
- 避難訓練は実際に起こり得る想定で訓練を。
- 元気に見える病院にはDMATはきてくれない。
- 疲弊したころの本震は致命的。
- 国立病院機構の支援はとても大きかった。
- DMAT派遣は慎重に。特定の病院の支援が必要な時は個別に派遣を。

　被災時に重要なのは職員の体力ですね、人数と体力。そして医療については日ごろの病診連携、顔の見える交流が重要で、それがなければ今回の震災を乗り越えることはできなかったと思いました。元気に見える病院にDMATはきてくれません。BCPが必要といっても、今回の本震のような大きな揺れが2回くると、BCPを構築していても耐えられませんでした。

ディスカッション

大規模災害に対する備えと
発生時におけるマネジメント

大友：それでは残された時間、25分程度になると思いますが、全体で討論していきたいと思います。東北の震災、それから熊本の地震からだいぶ時間が経っているので、私もいろんな情報を得ていたのですが、それでもまだ新しい話が聞けるということで、金田先生の話も髙橋先生の話も非常に興味深く聞いておりました。また、病院の機能維持に関する被災等の話をしていただけたのではないかと思います。時間の関係でポイントを絞って議論をしていきたいと思うのですが、まずこの段階でどうしても聞いておきたいということがあれば、質問をお受けいたしますが、よろしいですか？　また後ほど時間を設けますけれども。この段階でよろしいでしょうか。あっ、はいどうぞ。

会場：今日の皆さんのお話で非常に印象的だったのは、大友先生が国のいろいろな初動体制について説明されました。それから先ほどの髙橋先生のお話では、DMAT隊は一見元気な病院にはこないとのことでした。つまり両方ともDMATの限界を示しているわけです。DMATは初動のクリティカル時間である72時間を目指してきてくれる。その後は、災害関連死がとても増えるので、そこの手当てができていないということで、今、医師会のJMATとか全日本病院協会のAMATとかがあるんですよ。要するに、DMAT隊を引き継ぐ機能を今後果たしてしていくのだろうと思うのです。しかし、大友先生の説明にもあった国のものを見ると、JMATは書いてありますけれども、まだ認知が低いのかAMAT隊の位置付けは何もない。そう

いうDMATから引き継ぐ体制がどうなっているのか、DMATでカバーできないことを、引き継ぎを含めて亜急性期といいますか、そのあたりのところをどう乗り越えるか、国の方針や位置付けがどうなっているのかを教えてください。

大友：東北の震災では、DMATは組織的に動けたのだけれど、その後さまざまな枠組みで入ってくる医療チームを調整することがうまくいかなかった。小井土先生も言及されましたが、DMATが予定どおり72時間で帰ってしまった。それ以外の枠組みで入ってくる医療チームが充足する前に帰ってしまったので、そこに「医療の空白ができた」という問題がありました。

　これに関しては、もしほかの枠組みで入ってくる医療チームが不足しているのであれば、DMATが二次隊・三次隊を出してつなぎましょう。それからJMAT、国立病院機構、大学病院、都道府県、全日病、さまざまな枠組みで入ってくる医療チームも調整する機能を持たなくてはいけないということになり、東日本大震災の後、そういう仕組みをつくることとなりました。これを受けて、熊本においてはDMAT以外にもさまざまな枠組みで入ってくる医療チームを統制する「医療救護調整本部」を設置して、DMATも含めてあらゆる医療チームを調整しました。避難所の管理までをそこで調整したということでしたが、小井土先生、何か追加することはありますか。

小井土：いま大友先生がおっしゃったとおりだと思います。東日本大震災で新たにできてしまった医療空白において、DMATの活動期間を72時間から十分に引き継げるまで、必要であれば二次隊・三次隊まで出して対処するということと、もう1つは、医療チームを調整するために県レベルでは派遣調整本部を、そして二次医療圏では地域災害医療対策会議を（名前は今回の熊本県では変わりましたけれども）、県レベル・二次医療圏レベルで引き継ぎがきちんとできる組織をつくりましょうということで、その中心的な役割を担うのが災害医療コーディネーターということになりました。

県レベル、あるいは二次医療圏の災害医療コーディネーターの育成が進んできたところで、熊本地震が起きたという状況でした。今回の熊本では県レベル・二次医療圏レベルで災害医療コーディネーターがかなりうまく調整した結果、震災関連死に関しては、3・11の時は48万人が避難して3,500人以上の災害関連死が出ましたが、今回は最大18万人が避難して100数名。この数字が少ないとは言いませんけれども、ある程度は抑えられたのではないかと思っています。災害医療コーディネーターの働きが、今回の熊本では活かされたのかなと思っています。

大友：会場の先生のご質問は多分、髙橋先生が話された「DMATがきてくれなかった」ということからきたものだったのでしょうけれども、熊本医療センターは、それでもやはり元気だったのではないのかなと思います。

金田：当院（石巻赤十字病院）にはDMATがかなりきて、院内が困っていて手伝ってくれと言ったのですが、「そんなことをやるためにきたんじゃないから」と言って手伝ってくれず、結局帰ってもらいました。もう少し柔軟な働き方ができるように訓練なさったらいかがでしょう。

大友：はい、ありがとうございます。それが大きな課題として出ております。東北の震災の後に、DMATは外傷とかクラッシュ症候群とか、外科的なものを担当することを中心に準備していたのですが、実際にはそういう患者さんはほとんどいなかった。一方で、患者さんがたくさんいて、DMATに治療・支援をお願いしたかったのに、「それはDMATの仕事ではありません」と言ってしまった残念なDMATもいたので、そこに関しては「しっかりと幅広く臨機応変に対応して治療しましょう」ということを活動基準にも書き込みましたし、研修でも教えています。今後は、そういうことを口にするDMATはいなくなると思っています。

小井土：大友先生がおっしゃったように、東日本大震災以降、研修

自体は入っております。それからもう1つ、髙橋先生のところにDMATがこなかった理由について説明します。いまDMATにはEMIS上で緊急時入力というものがあります。その中でインフラが機能しなくなっているか、倒壊の恐れがあるか、あるいはキャパシティーオーバーしているか、この3つのうち1つでもチェックを付けると、すぐその病院は"赤"と示されて、そこに集中的に病院支援に入ることになっています。熊本医療センターの場合は、おそらく最後まで頑張ったので、EMIS上は"緑"になり、それで支援がこなかったと思われます。どうしてもコミュニケーション不足ということはあると思うのですけれども、今後の課題であると思いました。

大友：このパネルディスカッションのメインのポイントは、病院として災害にどう備えるか、どう対応するかという病院視点からの災害対策の話なので、本題に戻していきたいと思います。

石巻赤十字病院は、移転してハード面で免震構造だったということで、運がよかったと金田先生はおっしゃられていましたが、ハード面に限らず、ソフト面でもマニュアルや人材の備えができていて職員の意識も高かったということで、しっかりとしたBCPができていたと言えるのではないかと、改めて非常に感心しながら聞いておりました。また、石巻赤十字病院が機能を維持したことによって、被災地域での医療が相当底上げされることになったこと。もし、石巻赤十字病院がその当時、機能を果たしていなかったら、もっとひどいことになっていたのだろうと思って聞いておりました。

それからもう1つ感心したのは、職員のためにホテルを120室借りた、全職員に10万円の慰労金を支払った、また被害に応じてさらに見舞金も払ったということで、トータルすると3億円ですか。このお金は前年黒字の6億円からの支払いということでよろしいですか。これは、ほかからの財源（支援）がなかったものなのかな？やはり病院が全部負担するべきものなのでしょうか。そこがすごく感心したところなのですが、それをすべての病院ができるのかな、

病院がそこまで黒字化して災害のために備えておくということはなかなか難しいのではないかと思って聞いておりました。

　さて、小井土先生の調査では「防ぎえた災害死」と言っておりますが、被災地内の病院がきちんとBCPとしてインフラの整備をしておけば助かった命が相当あったということで、それはだいたい半分ですね。岩手県の32人のうち16人、宮城県の102人のうち60人は助けられたと。先ほどご紹介いただいたように、被災地内の病院で3月中に亡くなった方のすべてのカルテをチェックして、これは防げたかそうでないかという判定をしたのですね。例えば病院が停電して自家発電装置も使えなくなってしまい、電気があれば吸引機を使って肺炎の患者さんの吸痰ができたのですが、停電してしまったので手動の吸引器を使って何とか対応していたところ、十分に痰が引けなくて亡くなってしまった方もいらっしゃいました。あとインフラ、医療物資の不足について先生が指摘されていましたが、もう少しそのあたりに関してご説明いただけませんか。

小井土：東日本大震災以前は、日本は先進国なので大きな災害があっても24時間・48時間くらいで支援物資は入ってくるのではないかという想定で備蓄していたと思うのですけれども、3日経っても何の支援も入ってこない中、かなり多くの医療資機材が涸渇してしまいました。3・11以降、備蓄量は3日間と指定されていますが、3・11以前は災害拠点病院であっても備蓄の量や電力の自家発電に関して、具体的な提示は何もありませんでした。3・11以降それが示されたわけですけれども、主に医療資機材の涸渇が問題だと思っています。

大友：ありがとうございます。広域の災害であっても、医薬品もしくは医療資機材の卸しを通じた配給は3日目、4日目くらいから復旧していたと、東日本大震災でも聞いております。日本で一番大きな医師会が被災地内に数千万円分の医薬品を資源として送ったのですが、それはほとんど使えませんでした。なぜかというと、誰も仕

分けをすることができないからです。それから半分以上、本当に災害時に必要なものなのかというモノがたくさん入っていたということでした。

　ですので、医薬品を支援物資として送ることは、今後はやめた方がいいだろうと。その代わり、通常の流通ルートを通じて本当に必要であるとお願いすると、きちんと持ってきてもらえるので、そちらの方がずっと使い勝手がよかったというお話がありました。ただし、被災後3日間はやはりなかなか調達できないので、「病院は、3日分をしっかり蓄えておきましょう」ということになっております。

　髙橋先生のお話では、丸一日徹夜して、その翌日に予約の患者さんのうち6割がきてしまったので、帰りたかったけれども頑張って診療して、その日ようやく寝られるかなと思っていたら本震がきてしまったということでしたけれども、そうしたら412名の職員が参集してきたということでした。「すごいな」と思って聞いていたら、「自宅にいるのが怖いからきたんだ」というお話だったのですよね。実はそのような現象は熊本ではたくさん起きていて、自宅にいると

怖いけど、病院なら自家発電装置があって明るいことも含めて安全だということで、どんどん病院に避難してきたということがありました。その結果、職員と患者さんのために3日分の水と食糧を備蓄していたにもかかわらず、避難してきた方にも水と食糧をお渡ししなければならないため、3日分の備蓄が涸渇してしまったという話をよく聞きます。このことに関して何かありますか。

髙橋：支援物資が次から次に届きますが、県庁には届いたものの、それから先の仕分けができないという事情がありました。

大友：例えば東熊本病院から病院避難の患者さんを受け入れた東病院も同じような状況になっていたのですが、県に対して水と食糧がなくなったので送ってほしいとお願いしたところ、病院だけ優先できないという理由でなかなかもらえなかったと、院長先生がかなり怒っていました。政府はプッシュ型でどんどん支援物資を熊本に送ったのですが、末端の必要な所に配れなかったことはやはり問題ですね。先ほどの医薬品と同じ状況ですが、市役所や県庁の職員が普段したことがない物資の仕分けとか配送をしなければいけないとなったら、それはまったく無理な話です。ということで、途中からは佐賀県に物資の物流センターをつくってそこから直接、必要な所に配送するようになり物資が回り始めたと聞いたのですが、それでよろしいですか。

髙橋：そうですね。ものすごい大きなトラックで、ものすごい量の段ボールがズラーっと並んでいまして、これをどうやって配るのだろうと思っておりました。

金田：確か石巻でも物資が山積みになっていた。ですので、仕分けを佐川急便やクロネコヤマトあたりにやってもらってから、要するにモノをカテゴライズしないとどうしようもないので、それを宅配会社に頼んだはずですよ。

大友：やはり仕分けのプロにやってもらわないと、普段デスクワークをしている役人にやらせても無理だということですかね。このあ

たりで何かご発言ございますか、よろしいですか。

　では次の話題として、熊本で非常に問題となった（もちろん東北の時もありましたけど）"病院避難"を挙げたいと思います。これはおそらく、熊本の場合は1回目の揺れの後にもっとすごい揺れがきてしまったので、それで終わりじゃなくて次にもっとすごいのがくるのではないかという心配もあり、病院避難という手段が講じられたのではないかと思われます。もしくは病院の建物自体の被害も大きかったと思うのですが、小井土先生からお話があったように、病院の管理者・経営者からすると、避難してしまうと患者さんからの収入が一切なくなってしまいます。いつまた復旧できるかわからない、職員に対して給料が払えなくなってしまうかもしれないという不安があることで、経営者・管理者にとってこれはかなり重大な決断になるかと思うのですが、そこに対してもう少し補足をお願いします。

小井土：かなり苦渋の判断であったと、院長から聞いています。というのは、もちろん最終判断は管理者である院長先生がすると思うのですけれども、行政の支援などが今回の熊本ではまだまだなかった。その判断についてDMATが助言したり、あるいは職員が助言したりということもがあったのですが、今後は、病院避難に関しては行政の関与が必要ではないかと強く思っています。やはり一院長先生だけに、難しい判断を押しつけるのは厳しいかなと思いました。それで、行政が絡むことによって、その後のフォローアップもできるのかなと思いました。

大友：病院避難に関して、何かご発言はございますか。そうならないためには、1つはやはり最低でも耐震化、できれは免震化だと思います。それから設備の中で一番問題なのはやはり電力でよろしいですか？　もちろん水も大事なのですが、電力でよろしいですかね。

小井土：水はペットボトル、あるいは給水車で一応補充ができます。また、酸素ボンベも何とかできますけれども、電力だけは自家発電

の発電量が決まっているので難しい。現在、被災時の電力確保は「60％・3日間」が必要と言われています。しかし、それが実現できている病院はほとんどないと思っています。

大友：まず、先生方は普段の診療でどれだけの電力を使っているかを把握する必要があり、その上で自家発電装置のキャパシティーを60％……普段使っている電力の60％の能力があるものにしておき、それを動かすための燃料も3日分が必要です。

小井土：私たちは、電力計算から行われたダメージ・コントロールと最近言っているのですけれども、その計画が必要なのではないかと考えています。

大友：小井土先生によりますと、「60％であればここまで電力が使える、30％以下であればこれだけ制限しなければいけない」という、かなり細かいところまで研究が進んでいるとのことでした。ちなみに、自家発電装置、つまり非常用電源につなげておくべき医療機材と、そうしなくてもいいものとをきちんと区別してつないでいるか、もしくは非常用電源につないでいる医療機器がどれだけの電力を使っているのかに関しても、実は把握しておく必要があるということで、よろしいですかね。

それからエレベーターの停止が、実は病院の機能において大きな障害になる。石巻赤十字病院は、エレベーター復旧が3日後だったのですね。その間、入院の患者さん、例えばICUに入院する患者さんを、職員みんなで担いで上がったということでよろしいですか。

金田：それで、エレベーターをメンテナンスする人間を内製化しようとしたのです。そうしたら、それがなかなかできないのですね。エレベーターを製造する会社と保守する会社の商売になるかどうかはわからないですが、国の方に何とか頼んでくれないかと偉い人に言ったのですが、まだ動いていません。

大友：当院でも病院の職員がエレベーターのチェックができるようになればいいと思い、東京医科歯科大学の事務の皆さんに話してみ

たのですが、エレベーター等の会社で常勤で働かないといけないみたいですね。そうした職歴がないと資格をもらえないのだそうで、さすがに病院の職員を管理会社に一定期間出すわけにはいかないので、難しいなと思いました。

　エレベーターの復旧に関しては、もちろん病院は最優先で対応すると管理会社は言っているのですが、どこかで閉じ込め事案があるとそちらに行かないといけないそうです。「人が閉じ込められているエレベーターの作業が終わった後に病院の方にきますよ」ということだそうで、だからなかなかこられないということです。熊本医療センターはすぐに復旧したとお聞きしたのですが、これはどういうことだったのでしょうか。

髙橋：エレベーター会社の人がすぐきてくれまして、復旧したのですが、その5分後には震度5の余震がきましたので、帰ろうとしていたらまた止まった、の繰り返しでしたね。もっとも（エレベーターは）病院に10何基ありますので、その全部が止まるわけではないのですが。

大友：そろそろ時間になってしまいます。どうしても聞いておきたいことがありましたらお受けしたいと思いますが、よろしいでしょうか。はい、どうぞ。

会場：金田先生、髙橋先生、貴重なお話をありがとうございました。私は常々疑問に思っているのですが、BCPという言葉は、2008年くらいに中央防災会議があって、そこで言い出したと記憶しています。業務を遂行するための計画をBCPというとのことでした。しかし、もともと日本全国の病院は防災マニュアルを持っております。被災時に業務を遂行するためのマニュアルを持っています。それがいつの間にかBCPと呼ぶトーンに替わってきたように思うのですが。先ほどのお話を聞いていますと、BCPがしっかりしていればという説明があり、あるいは小井土先生のお話では災害マニュアルはBCPを含んだものにするとのことでした。私にはBCPという言葉の定義

がよくわかりません。最後に教えていただけたらと思います。

大友：重要なご指摘をありがとうございます。私も実は似たような意見で、しっかりとした災害対策マニュアルを持っていれば、それ自体がBCPじゃないのかと思います。それは私の持論でもあるのです。

　ただ、発生直後の比較的短時間の詳細な行動計画が災害対策マニュアルなのですが、BCPは復旧・復興の領域まで含めて考えましょうということなのだと考えます。それから、一番わかりやすい説明として「停電の時にどう動くか、その行動を決めるのが災害対策マニュアルである。BCPは停電させないようにする、そのインフラをしっかり整えておく、もしくは止まったとしてもいかに早く回復させるか、その準備をしておくことである」という説明を誰かから聞いて、「ああ、そういうことか」と、私は理解しております。それでよろしいですかね。災害対策マニュアルそのものがBCPだと、もともとは思っていたのですが……。

会場：大友先生のおっしゃること、私もそのとおりだと思います。しかし調べてみると、どこにもそういう説明が書かれていないものですから。当院では、ごく早期の何でもありのタイミングのものを災害対策マニュアル、秩序立ててやっていくところをBCPというように、自分たちで勝手に名前を付けてやっておりますが。

小井土：そのとおりだと思います。発災してからがクライシスマネジメントで、それ以前がリスクマネジメント。従来の災害対策マニュアルは、1・17以降はクライシスマネジメントに関しては書いてあったのですが、リスクマネジメントは書いてない。だから前の災害対応マニュアルは「発生しました－災害対策本部を立てます」というところから始まっていて、その前のリスクマネジメントの部分が欠けていたのが3・11の反省点であります。

大友：先ほどの小井土先生のお話にあった「30％以下の電力だとこういう制限があって、60％以上になればこうします」というそ

ディスカッション　大規模災害に対する備えと発生時におけるマネジメント　　261

れぞれの動きを考えておくのが対策マニュアルですけれども、悲惨な状況にならないように準備をし、あるいは復旧を早くできるようにすることがBCPであると、現在のところ、私は理解しております。よろしいでしょうか。

　ということで、小井土先生をはじめ3人の先生方のご講演は、私自身も非常に勉強になりました。もう少しBCP、もしくは病院として災害にどう備えるべきかに関して時間を取りたいところでしたが、先生方のお話がとても興味深く十分に時間をとってもらい、話自体が大変意義があったと思います。全体ディスカッションの時間が十分にとれませんでしたが、本日はここまでにしたいと思います。これをもちまして全体ディスカッションを終了いたします。皆さま、ご協力ありがとうございました。

おわりに

　「医療界における流通を変えていくためには、効率化、合理化、共同購入が必要である。また、病院同士が連携し、交流を深めていくために、ユーザーが集まり共に学んでいく場が必要ではないか」との恵寿総合病院の神野正博理事長からのアドバイスを受け、第1回「病院の経営を考える会」は2000年2月18日に開催されました。それから、ほぼ毎年開催を続けており、2018年6月15、16日に、第19回目を迎えます。

　病院の経営を考える会は、病院経営層の皆様の関心が高いと思われるテーマの講演会やパネルディスカッション、そして少人数かつ双方向の意見交換を通じて院内の活動につなげていただくことを目的としたワークショップからなっています。

　機能分化と地域ヘルスケア連携が謳われ、ここ数年の企画も、このテーマに関連するものが多くを占めました。地域、歴史、経営母体等は異なるものの、各事例には、共通項があるように思えました。経営に特効薬はなく、やるべきことをしっかりと継続していくことが重要で、続けることにより信頼関係が構築され、仲間も増えていく。これらの事例を、年1回のイベントで終わらせることなく、1つの形にまとめることで、病院の経営、そして、地域ヘルスケア基盤の構築に貢献できるのではというのが、この本の企画のはじまりでした。点から面へというコンセプトですが、紹介されている事例の背景には「信頼関係」があります。そして病院の視点で書かれていますが、すべてが、近隣の医療機関や住民の生活と共に築かれてきた事例です。

　エム・シー・ヘルスケアグループは、事業の異なる3社が一体となり、2013年に現体制となりました。経営理念として「社会への

貢献・持続的な成長・志高い企業風土」の３つを掲げており、患者、医療機関、医療従事者、社会に貢献するべく、さまざまな事業活動を行っています。

「医療材料の調達・管理」「共同購入」「医療機器の調達支援・一括保守」の３つを柱として、病院経営の改善・効率化を行うエム・シー・ヘルスケア株式会社、最先端医療機器の輸入販売を行うエム・シー・メディカル株式会社と日本メディカルネクスト株式会社、確かな実績を持つこれら３社の叡智を連携させ、医療現場を総合的にサポートしています。

超高齢社会の到来、大規模災害への備え等、医療機関が抱える課題は時代と共に変化し難しさを増してきております。医療界全体が困難に立ち向かう中、エム・シー・ヘルスケアグループだけでなく、親会社である三菱商事グループ全体として課題の克服に少しでもお役に立てるよう取り組んでいく所存です。

医療界全体の将来を見据え、現場のニーズをいち早く察知し、あらゆる側面からソリューションを提供することが私たちの使命です。エム・シー・ヘルスケアグループは、今後も医療機関が抱えるさまざまな困難な状況に共に立ち向かい、医療の質の向上を通して社会に貢献して参ります。

2018年６月15日

エム・シー・ヘルスケア株式会社
代表取締役社長
宮下 修

■エム・シー・ヘルスケア株式会社

1995年、株式会社日本ホスピタルサービス設立。2010年、株式会社アプリシアと合併し、エム・シー・ヘルスケア株式会社設立（エム・シー・メディカル株式会社を子会社化）。2013年、日本メディカルネクスト株式会社を子会社化。急性期医療機関を中心に医薬品、医療材料、医療機器に関する管理や調達等の後方支援業務を提供。三菱商事株式会社子会社。

〔主な事業内容〕

・医療材料、医薬品調達に関する支援業務
・医療機器整備に関する支援業務
・医療材料、医薬品のSPD業務
・病院経営に関するコンサルティング業務

エム・シー・ヘルスケア株式会社
〒108-0075　東京都港区港南2丁目16番1号 品川イーストワンタワー12階
TEL　03-5781-7800
エム・シー・ヘルスケアHP　　　　http://mc-healthcare.co.jp/
エム・シー・ヘルスケアグループHP　http://mchg.jp/

■病院の経営を考える会

毎年、エム・シー・ヘルスケア株式会社の顧客病院（全国の急性期病院200病院以上）の経営者向けに開催しているイベント。2000年から年1回開催し、そこから派生した人脈・企画を活用して本書を企画。
http://mc-healthcare.co.jp/contribution/

■病院の経営を考える「本」タスクフォースメンバー

澤田　悦治

高橋　弘幸
泉田　泉

青嶋哲男・牛尾江里・菊地正弘・北野拓哉・重岡隆・関口莉帆
高杉雄樹・竹野勇一郎・花岡辰志（以上、エム・シー・ヘルスケア株式会社）
丸山武志（エム・シー・メディカル株式会社）
前川哲也（日本メディカルネクスト株式会社）

■病院の経営を考える会　開催一覧

回	開催日	開催場所
第1回	2000年2月18日(金)	開東閣(品川)
第2回	2001年6月8日(金)、9日(土)	開東閣(品川)
第3回	2002年7月5日(金)、6日(土)	開東閣(品川)
第4回	2003年6月6日(金)、7日(土)	品川プリンスホテル
第5回	2004年6月4日(金)、5日(土)	品川プリンスホテル
第6回	2005年6月10日(金)、11日(土)	品川プリンスホテル
第7回	2006年6月2日(金)	ロイヤルパークホテル(日本橋)
第8回	2007年6月8日(金)	品川プリンスホテル
第9回	2008年6月6日(金)	ヒルトン大阪
第10回	2009年7月24日(金)、25日(土)	東京国際フォーラム 三菱ビル　エムプラス、三菱商事会議室
第11回	2010年6月4日(金)、5日(土)	東京国際フォーラム
第12回	2011年7月8日(金)、9日(土)	パシフィコ横浜
第13回	2012年6月1日(金)、2日(土)	東京国際フォーラム
第14回	2013年7月5日(金)、6日(土)	品川グランドホール 品川イーストワンタワー貸会議室
第15回	2014年11月28日(金)	コクヨホール(品川) 品川イーストワンタワー貸会議室
第16回	2015年11月28日(土)	コクヨホール(品川) 品川インターシティー会議室
第17回	2016年6月10日(金)、11日(土)	恵比寿ガーデンプレイス/ザ・ガーデンホール 恵比寿ガーデンプレイス/Space 6
第18回	2017年6月23日(金)	コクヨホール(品川)
特別 講演会	2017年11月22日(水)	エム・シー・ヘルスケア株式会社 品川本社 会議室
第19回	2018年6月15日(金)、16日(土)	ベルサール秋葉原 UDXカンファレンス

病院の経営を考える「本」
地域ヘルスケア基盤の構築

2018 年 6 月 15 日　第 1 版第 1 刷発行

編　　　著　エム・シー・ヘルスケア株式会社
発　行　人　林　諄
発　行　所　株式会社日本医療企画
　　　　　　〒 101-0033　東京都千代田区神田岩本町 4-14　神田平成ビル
　　　　　　TEL03-3256-2861（代）　FAX03-3256-2865
　　　　　　http://www.jmp.co.jp
装　　　丁　高田 康稔（株式会社 ensoku）
本文デザイン・DTP　株式会社明昌堂
印　刷　所　図書印刷株式会社

©MC Healthcare, Inc. 2018, Printed and Bound in Japan
ISBN978-4-86439-688-2 C 3034

定価はカバーに表示しています。
本書の全部または一部の複写・複製・転訳等を禁じます。これらの許諾については小社までご照会ください。